AF229997

LA POLITIQUE

DE

JACQUES BONHOMME

A SES AMIS

LES OUVRIERS ET LES PAYSANS.

Je suis et je veux être de mon temps.
(Le comte de Chambord, 5 juillet 1871.)

PÉRIGUEUX

CASSARD FRÈRES, IMPRIMEURS-LIBRAIRES

RUE SAINT-MARTIN, 13 ET 15.

1881

LA POLITIQUE

DE

ES BONHOMME

A SES AMIS

LES OUVRIERS ET LES PAYSANS.

Je suis et je veux être de mon temps.
(Le comte de Chambord, 5 juillet 1871.)

PÉRIGUEUX

CASSARD FRÈRES, IMPRIMEURS-LIBRAIRES

RUE SAINT-MARTIN, 13 ET 15.

1881

A MES AMIS

VICTOR DULAC ET GUSTAVE LANDAIS

JE DÉDIE CET OPUSCULE :

C'est le programme de nos idées : ce fut notre plan de bataille : ce sera le fraternel souvenir de la campagne trop courte, mais assez vaillante, que nous avons menée ensemble pour Dieu, la Patrie et le Roi.

J. B.

LA POLITIQUE

DE

JACQUES BONHOMME

A SES AMIS

LES OUVRIERS ET LES PAYSANS.

Je commence par vous dire, mes amis, que je ne veux pas vous tromper : je n'ai point d'intérêt à le faire ; et quand même j'en aurais, ma conscience me le défendrait : car j'ai une conscience et je crois en Dieu. Je n'ai point intérêt à vous tromper : je ne suis ni solliciteur, ni candidat ; je n'ai point de boutique à achalander, et je ne suis point aux gages d'un parti. Je sers une cause qui fait plus facilement des martyrs que des repus : la cause de Dieu, de Jésus-Christ et de son Eglise, et subsidiairement, la cause de la monarchie traditionnelle et chrétienne.

Dans les circonstances graves et critiques où nous sommes, je me sens poussé à vous avertir, à vous éclairer, à vous instruire. J'ai quelque chose à dire, et je me sens pressé de vous le dire. J'ai peut-être quelques droits à me faire écouter. Il y a quarante ans que j'étudie, que j'écoute, que je réfléchis. Il y a quarante ans que je consulte l'histoire, que je scrute et compare les annales de mon pays. Il y a quarante ans que je lis les journaux : triste besogne que celle-là, mais qu'il faut subir. Dès lors, je me sens autorisé à vous faire part de mes réflexions, du fruit de mes lectures ; à vous communiquer quelques vérités politiques, réfléchies, mûries, éprouvées, qui sont pour moi des convictions et des principes.

Il n'est pas rare que la politique, cet art si profond et si beau, que les anciens mettaient au premier rang des sciences de l'esprit et des fonctions sociales, il n'est pas rare que la politique soit traitée, de nos jours, au pied-levé, sans façon et sans conviction. Des journalistes, des éphèbes, jeunes d'années et d'expérience, plus jeunes d'études et de réflexion, des échappés de collège, et souvent des transfuges de séminaire (car il faut bien gagner sa vie au prix de quelques apostasies), des incapables et des ambitieux, traitent en se jouant à la surface, ces graves questions. Ils traitent, ils résolvent, ils brouillent ces grands problèmes de politique, de souveraineté, de pouvoir, de gouvernement, sans autre préparation que des lectures frivoles, sans autre conviction que l'orgueil de paraître ou l'ambition de gouverner.

Je voudrais donc, mes amis, pour vous, les ouvriers et les ruraux, qui n'avez ni le temps, ni le loisir d'étudier ces questions, et qui n'avez pas encore, grâce à Dieu, la sotte prétention de les résoudre par vous-mêmes, je voudrais mettre ici quelques réflexions sur la souveraineté du peuple et le suffrage universel, que vous êtes appelés à exercer si souvent ; sur la République et la Monarchie, qui se discutent et se jouent à chaque élection ; sur la royauté chrétienne et nationale dont vous ne savez pas bien l'histoire ; enfin sur le Roi, que vous ne connaissez pas bien, et que vous estimeriez, que vous aimeriez, que vous acclameriez, j'en suis sûr, si vous le connaissiez tel qu'il est.

Je vais, mes amis, toucher aux idoles du jour, aux idoles révolutionnaires. Je tâcherai de les démolir et de les abattre. Je le ferai sans ménagement et sans crainte : sans ménagement, parce que vous êtes, nous sommes tous, plus ou moins infectés du virus révolutionnaire, et que notre pauvre France pourrait en mourir ; sans crainte, parce que vous avez, je le crois, un fond gaulois et chrétien qui reconnaîtra la vérité dans ce que je vous dirai.

Nous avons respiré dans une atmosphère saturée d'erreurs et de préventions, infectée par la presse et le journal. La Révolution a plus ou moins détraqué les esprits et dévoyé les gouvernements : la Révolution, j'entends la révolte contre Dieu et contre son Christ, la révolte inaugurée par cette insurrection philosophique et religieuse, puis politique et sociale, pendant les trois derniers siècles, des nations et des peuples, des rois et des princes, pour briser les liens et rejeter le joug de l'autorité divine et de la royauté chrétienne.

Tâchons, mes amis, de réfuter les principales erreurs de ce système de mensonge, de révolte et d'orgueil, qui met l'homme à la place de Dieu, qui veut mettre la science, ce qu'ils appellent la science, un tas de négations et d'hypothèses, à la place de la religion, le journal à la place de l'Evangile, le pédagogue à la place du prêtre, l'Etat à la place de l'Eglise. Tâchons de dire des choses de bon sens, avec un peu de catéchisme et de logique.

Rappelons les principes, les vérités fondamentales, sans lesquelles il n'y a plus de société, et bientôt il n'y a plus d'homme. Je vous demande un peu d'attention et de réflexion, un peu de patience même et de bonne volonté. Nous commencerons par des considérations un peu philosophiques peut-être, et un peu bien abstraites ; mais nous arriverons bien vite à consulter notre histoire et à raconter la vie de notre prince, pour aboutir à la restauration catholique et monarchique de notre pays.

I

La Souveraineté du peuple et le Suffrage universel.

Le peuple est souverain ; c'est lui qui donne le pouvoir et qui le retire. Il peut changer de constitution quand il lui plaît ; il peut renverser son gouvernement quand il le veut. Voilà des erreurs politiques et philosophiques, des erreurs anti-sociales qui constituent l'essence même de la Révolution.

Non, le peuple n'est pas souverain. Il ne l'est pas, il ne peut l'être, car il ne peut se gouverner lui-même ; il ne peut exister, il ne peut durer comme corps social, sans une souveraineté antérieure, supérieure, sans un pouvoir préexistant pour *l'informer*, l'animer, le gouverner comme l'âme informe, anime et gouverne le corps. *Mens agitat molem* — disaient les anciens ; c'est l'esprit qui meut la matière.

Non, le peuple n'est pas souverain : qu'est-ce qu'un souverain qui ne peut jamais, par lui-même, exercer sa souveraineté ? qui n'existe plus à l'état de peuple, qui n'est qu'une masse sans ordre, une cohue sans frein, dès le moment qu'il n'est plus soumis à une autorité quelconque ? Qu'est-ce qu'un souverain qui ne peut cesser d'être sujet, qui ne peut vivre sans obéir et qui ne peut durer sans être gouverné ?

Le peuple n'est pas souverain, car il ne peut donner le pouvoir : il ne le peut donner parce qu'il ne l'a pas eu lui-même. Le pouvoir est une émanation de la souveraineté suprême, une délégation de l'autorité de Dieu. Voilà certes une vérité incontestable : il n'y a point de pouvoir qui ne vienne de Dieu, dit l'apôtre saint Paul. Tout pouvoir dans la société comme dans la famille, tout pouvoir vient d'En-Haut, émane de Dieu. Le grand pape Léon XIII vient de lancer dans le monde une admirable encyclique, pour rappeler aux princes et aux peuples cette grande vérité :

« Beaucoup d'hommes de notre époque, dit Léon XIII, marchant sur les traces de ceux qui, au siècle dernier, s'attribuèrent le nom de philosophes, disent que tout pouvoir vient du peuple, de sorte que ceux qui exercent le pouvoir dans l'Etat, ne l'exercent pas comme leur appartenant, mais comme le tenant du peuple par délégation et sous cette condition qu'il peut leur être retiré par la volonté de ce même peuple qui le leur a conféré. Les catholiques ont une doctrine différente et ils font descendre de Dieu le droit de commander, comme d'un principe naturel et nécessaire.

» Les doctrines sur le pouvoir politique, imaginées par les modernes, ont déjà apporté aux hommes de grandes afflictions, et il est à craindre qu'elles n'apportent dans l'avenir des maux extrêmes. En effet, refuser de rapporter à Dieu comme à son auteur le droit de commander, ce n'est rien moins que dépouiller la puissance politique de sa plus belle gloire·et trancher le nerf de sa force. Pour ce qu'ils disent qu'elle dépend du caprice de la multitude, d'abord c'est une opinion fausse, ensuite, c'est établir le principat sur un fondement trop léger et trop mobile. Excitées et stimulées par ces opinions, les passions populaires se déchaîneront avec plus d'audace, et, au grave détriment de la chose publique, elles iront, par une pente facile, jusqu'aux troubles aveugles, aux séditions ouvertes. » (Encyclique diuturnum 29 juin 1881.)

J'aurais pu vous citer Joseph de Maistre et de Bonald : mais l'autorité même du génie le cède à l'autorité du vicaire de J.-C. Croyez-moi, mes amis, Léon XIII en sait plus qu'un journaliste, fût-il salarié par la Révolution. L'Eglise est un peu plus infaillible qu'un journal démocratique et qu'une officine de publicité. Je vous conseille, quand même vous ne seriez pas tous des catholiques pratiquants et convaincus, mais si vous voulez rester des hommes raisonnables et sensés, je vous conseille d'écouter le Pape et de consulter l'Eglise un peu plus que les politiciens et les hommes d'Etat de la démocratie.

Le peuple souverain est un paradoxe de la Révolution, une chimère sortie du *contrat social*, pour légitimer toutes les usurpations et toutes les dictatures : car c'est une remarque à faire que le peuple souverain se laisse usurper, mener, tromper, avec une infatigable docilité. C'est la parole même de Bossuet : « Quand une fois on a trouvé le moyen de prendre la multitude par l'appât de la liberté, elle suit en aveugle, pourvu qu'elle en entende seulement le nom. » — A force de répéter à un peuple qu'il est souverain, on le lui fait croire jusqu'à la révolte contre ses maîtres légitimes, jusqu'à la soumission la plus abjecte à des tyrans méprisables.

Le peuple n'est pas souverain. On ne le consulte jamais que lorsqu'on a pris le pouvoir; et il ne manque jamais d'accepter le fait accompli et le pouvoir usurpé. Il ne choisit jamais ses maîtres. Il peut les acclamer, et comme disait l'un d'eux, il peut les *absoudre* ; non pas toutefois devant Dieu qui permet les usurpations et devant le droit qui les condamne. Mais il ne les fait point ; il les subit ou les reconnaît. Le peuple, remarquons-le, c'est une abstraction philosophique, c'est une mutilation révolutionnaire. Le peuple, nous l'avons vu depuis un siècle surtout, c'est la multitude ameutée d'une capitale, c'est la plèbe audacieuse et remuante d'une cité ; le peuple, après que la Révolution est faite, c'est la tourbe des électeurs menée au scrutin par la dictature pour légaliser le fait accompli.

Avez-vous jamais vu un peuple gravement assemblé sur la place publique, dans ses comices, comme ils disent, délibérant sur les bases d'une constitution et sur la forme d'un gouvernement ? Non : cette conception des anciens, réalisée dans ces petites cités aristocratiques où les citoyens étaient servis par des milliers d'esclaves, cette conception, renouvelée par J.-J. Rousseau, est une chimère absurde et ridicule. On a vu la nation, c'est-à-dire un peuple organisé, vivant, non point désagrégé, émietté en électeurs, on a vu la nation, par ses représentants légitimes et naturels, ses chefs de famille et ses grandes fonctions sociales, on l'a vu quelquefois au déclin d'une race, à la disparition d'un prince sans héritier, on l'a vu, non pas même choisir, mais déclarer, désigner celui qui devait être investi du principat. Et, d'ordinaire, cet élu, s'il faut lui donner ce titre, était d'avance montré par la Providence. La nation ne faisait que reconnaître celui.que la force, la nécessité, la germination naturelle d'une race prédestinée à régner, installait au trône et présentait à l'investiture du pouvoir.

Non, le peuple n'est pas souverain. La nation, en certains cas très rares de sa vie et de son histoire, a pu communiquer la souveraineté : mais, encore un coup, elle n'a pu que désigner et choisir celui que la souveraineté divine investissait du droit de commander et du devoir d'exercer le principat. Mais, après cette désignation très rare et qui n'était légitime que *la justice étant respectée*, comme dit Léon XIII dans son immortelle encyclique, la nation rentrait, pour des générations et des siècles, dans les limites de son devoir : l'obéissance, le respect, la vénération pour le prince, le chef du pouvoir, le lieutenant de Dieu, devenu par l'investiture, *le Christ du Seigneur*.

Voilà ce que dit excellemment le grand Pape dont nous suivons la doctrine : — « Il importe de remarquer que ceux qui doivent être placés à la tête des affaires, peuvent, en certains cas, être choisis par la volonté et la décision de la multitude, sans que la doctrine catholique y contredise ou y répugne. Mais ce choix désigne le prince, il ne lui confère pas les droits du principat, l'autorité n'est pas donnée, mais on détermine par qui elle sera exercée. Il n'est pas non plus question ici des formes de gouvernement : il n'y a pas de raisons, en effet, pour que l'Eglise n'approuve pas le principat ou d'un seul ou de plusieurs, pourvu qu'il soit juste et qu'il tende au bien commun. C'est pourquoi, les droits de la justice étant respectés, il n'est pas défendu aux peuples de se choisir la forme de gouvernement qui convient le mieux ou à leur propre génie, ou. aux institutions et aux mœurs qu'ils tiennent de leurs ancêtres. »

Voilà les principes : ils sont aussi sûrs que salutaires, aussi vrais que nécessaires pour le bonheur des peuples et la sécurité des gouvernements. Dès lors, le suffrage universel, surtout comme il s'exerce parmi nous, cette poussière d'électeurs soulevée et poussée par la force du gouvernement et par la force des partis, le suffrage universel n'est pas, ne peut pas être l'expression de la souveraineté. Le peuple fût-il souverain, le suffrage universel serait un mode imparfait et suspect pour exprimer la souveraineté nationale. C'est un moyen de consultation, c'est un mode d'extraire de la masse, et par à peu près, la résultante de forces, de mouvements et volontés contraires. Le corps social s'exprimait bien plus clairement et plus sûrement. avant 89, par le suffrage à deux degrés, par la prépondérance de la propriété, par le suffrage des chefs de famille, des chefs d'atelier et de corporation, qui représentaient naturellement les femmes, les enfants, les mineurs, les salariés. Ces membres du corps social, les plus nombreux, les plus intéressants puisqu'ils sont les plus faibles, ne sont point représentés par notre suffrage universel qui ne tient compte que des unités, pour former une masse inconsciente et monstrueuse, au lieu de constituer, par membres et par groupes subordonnés, un corps vivant.

Le suffrage universel est essentiellement un outil de révolution. Il supprime la hiérarchie sociale ; il égrène

la famille en individus sans liens, il abaisse toute
sommité sociale et même politique au plus bas niveau,
il met sur la même ligne le savant et l'ignorant, le
riche et le pauvre, le grand propriétaire et le prolétaire
sans toit ni famille, l'homme de talent, l'homme de
génie et l'homme sans culture et sans lettres ; et tout
cela pêle-mêle, comme un troupeau divisé et parqué
selon les collèges électoraux, va déposer un bulletin
de vote égalitaire dans l'urne à double fond de la
démocratie envieuse et jalouse. C'est la puissance du
nombre, puissance aveugle, inconsciente ; disons
mieux, c'est une force énorme, sans intelligence et
sans raison, poussée dans un sens ou dans l'autre, par
l'impulsion d'un gouvernement centralisateur ou par
le souffle irrésistible de l'opinion déchaînée.

C'est donc un engin de destruction qui brise tous les
liens, divise les familles, met le fils en révolte contre le
père, l'inférieur en insurrection contre le supérieur, la
révolution partout. Et si l'on veut établir un pouvoir sur
cet amas de sable, ce pouvoir précaire et sans avenir
devient forcément dictature, parce que rien ne le règle
et le limite que cette souveraineté du nombre. Et ce
pouvoir, d'autant plus fragile qu'il est plus énorme,
s'écroule bientôt sous le choc d'un désastre ou sous le
flot d'une insurrection nouvelle. Belle invention du
droit qu'on appelle nouveau ! Quelle source respectable
du pouvoir, quelle racine traditionnelle de la souveraineté que ce suffrage égalitaire, jaloux, qui, comme la
baguette de Tarquin, abat les hautes têtes pour les éga-
ler aux plus basses, désagrège la famille pour donner au
fils la même part de souveraineté qu'au père, à l'ouvrier le même droit qu'au patron, à l'indigent le même
droit qu'au patricien ! Absurdité, mensonge, immora-

lité. Ce qui faisait dire au grand pape Pie IX : Suffrage universel, mensonge universel.

Pour nous, mes amis, pour nous catholiques, pour nous royalistes, le suffrage universel n'est point le souverain ni l'organe de la souveraineté. Nous sommes plus fiers que cela dans notre soumission aux enseignements de l'Eglise ; nous sommes d'un sens plus droit et plus grand en reconnaissant une souveraineté plus haute dans un plus noble prince. Mais enfin le suffrage universel est un moyen, le seul moyen qui nous reste d'exprimer nos vœux, d'intimer nos volontés ; le seul moyen de nous faire représenter auprès de ce qu'on appelle le souverain. Nous l'employons, nous devons l'employer du moins, et pour combattre la puissance de la révolution, et peut-être jeter le grain de sable où la volonté divine arrêtera la violence de ses flots.

II

République et Monarchie.

Je ne veux pas ici, mes amis, disserter sur les mérites relatifs, sur les principes et les conditions de la République et de la Monarchie. Ce n'est point une thèse que je veux poser, un parallèle que je veux établir. Je veux simplement, en quelques mots, et sans épuiser la matière, dire et prouver que la France, notre cher pays, est foncièrement, historiquement, constitutionnellement monarchiste ; que la République ne lui convient pas, et lui convient si peu, qu'on a pu la décréter trois fois, et que trois fois le pays en est sorti avec élan ; et que la République, malgré l'étiquette et la Constitution, ne fut jamais appliquée et pratiquée en France.

Nous sommes monarchistes : nous sommes faits pour vivre sous un chef qui règne et gouverne, qui commande et personnifie le pouvoir. Nous sommes monarchistes par notre histoire : Depuis nos origines les plus reculées, dans les forêts de la Germanie et dans les cités des Gaules, jusqu'au 22 septembre 1792, personne ne peut le nier, le gouvernement de la France a été la Monarchie : la Monarchie armée comme un soldat, sous la race Mérovingienne ; la Monarchie organisée en saint empire pour la défense de la civilisation chrétienne, sous la race Carlovingienne ; la Monarchie féodale, puis émancipatrice et moderne, puis finalement absolue, mais non despotique, sous la troisième race des Capétiens. Jamais la République n'est apparue, si ce n'est dans les guerres de religion, par les révoltés et les Huguenots, comme forme de révolution et comme tentative de dissolution de l'unité de la France.

Nous sommes monarchistes par tous les souvenirs qui nous représentent la France sous la figure d'un roi ; la France sortant de barbarie et baptisée avec Clovis ; la France civilisant l'Europe et protégeant l'Eglise avec Charlemagne ; la France luttant et triomphant contre la féodalité avec Philippe-Auguste ; la France très-chrétienne et dévouée au Christ, guerroyant pour l'Evangile et néanmoins prospère et pacifiée avec saint Louis ; la France réunissant habilement ses provinces arrachées et tyrannisées par les grands vassaux avec Louis XI ; la France divinement assistée par Jeanne d'Arc et se délivrant de l'anglais avec Charles VII ; la France chevaleresque, artiste et tout enivrée de renaissance littéraire avec François Ier ; la France arrachée à l'hérésie et prenant la tête de la civilisation avec Henri IV ; la France affirmant sa suprématie intellectuelle et rayonnant comme un soleil avec Louis XIV ; la France avec Louis XVI décrétant honnêtement des réformes qui auraient empêché la Révolution, si la République, rêve de lettrés et d'ambitieux, n'était venu remplacer la Monarchie très-chrétienne par un despotisme païen, monstrueux et sanguinaire.

Nous sommes monarchistes par caractère, par nos qualités et nos défauts. Nous sommes monarchistes par cet instinct qui demande un chef pour combattre, un maître pour commander, ou si l'on veut, un maître à servir. Nous sommes monarchistes par ce goût de distinctions et d'honneurs qui nous pousse aux grandes choses, comme il nous ravale aux domesticités. Nous sommes monarchistes par ce penchant que nous avons à critiquer, à fronder surtout ceux qui représentent le pouvoir. Et nous disons volontiers, avec le malicieux Bonhomme : *Notre ennemi, c'est notre maître ; je vous le dis en bon français.* Or, si ce maître ne nous était donné, venu de loin par la tradition, descendu de haut par le droit divin, quel maître, quel pouvoir résisterait aux saillies de notre humeur, aux irrévérences de notre scepticisme, aux discussions corosives de notre esprit gaulois et frondeur ? Nous sommes monarchistes parce que nous avons besoin, fiers et vains comme nous sommes, de respecter et de vénérer la personne de nos maîtres, de respecter leur origine et de vénérer leur caractère. C'est une manière de se relever et de s'honorer soi-même. Enfin nous sommes monarchistes, parce que nous sommes un grand peuple, d'une longue et glorieuse histoire, d'un large et populeux territoire, et que la République n'a jamais vécu longtemps et n'a jamais su gouverner que de petites cités.

Montesquieu dit avec sagacité, dans l'*Esprit des lois*, que le ressort de la République est la vertu, le ressort de la Monarchie l'honneur. Cela est vrai, avec une pointe d'esprit qui ne déplaît point. En République, les pouvoirs, les fonctions doivent être distribués par l'élection, par le suffrage. Dès lors, que de compétitions, que d'intrigues, que de passions d'envie, de jalousie, d'ambition en jeu ! C'est-à-dire que de moyens de tromper le peuple, souverain bénévole et crédule, de capter les suffrages et de corrompre l'élection ! Que de vertu ne faudrait-il pas, de la part de ce souverain multiple, ondoyant et divers, pour donner le pouvoir au plus digne, et 'es fonctions aux plus méritants ! Que de vertu ne faudrait-il pas aux candidats pour ne pas flatter le souverain, pour ne pas briguer le suffrage, pour ne pas ambitionner le pouvoir ! Aussi n'a-t-on jamais vu de République tranquille, ordonnée, vertueuse. Et quand, par hasard, elle a rencontré un juste parmi ses Archontes, elle l'a banni pour l'ennui qu'elle éprouvait de l'entendre appeler juste.

Nous ne sommes pas faits pour la République. Nous sommes moins sensibles à la vertu qu'à l'honneur ; nous sommes d'un caractère vif et léger, d'une humeur bouillante et généreuse. Nous sommes avides de distinctions et d'honneurs, plus capables d'honneur que de vertu, plus facilement attachés à un homme qu'à un principe, plus faits pour marcher à la suite d'un chef que pour délibérer de sang-froid sur la place publique. Mais si nous ne sommes pas faits pour la République, encore moins la République est faite pour nous. Si nous n'avons pas les vertus qui font les citoyens uniquement dévoués à la patrie, la République, bien loin de nous donner des vertus, nous a donné des vices, a déformé notre caractère national et dépravé les nobles instincts de notre race.

La République ne s'est établie parmi nous qu'en flattant les bas instincts, en déchaînant les passions, en organisant la terreur et la délation. La République a sans cesse excité les jalousies et les haines, les convoitises et les audaces. Elle a remué le fond, la lie des corruptions et des fermentations sociales. Ses tribuns pour parvenir, ses dictateurs pour régner, se sont toujours servis de la multitude enfiévrée, disons mieux, de la canaille ennivrée. Rappelons-nous les vices de Mirabeau déchaînant la Révolution, les audacieuses perversités de Danton inaugurant la République. Rappelons-nous les basses scélératesses de Marat, les jalousies sanguinaires de Robespierre, les peurs, les lâchetés, les trahisons, les haines des Girondins et des Jacobins, des Montagnards se déchirant eux-mêmes et décimant la France pour sauver leur misérable vie. Rappelons-nous les infâmes corruptions du Directoire et le cloaque de sang et de boue où finit ce gouvernement. Dirons-nous que la République fut le régime de la vertu ?

De nos jours, la République est menée, gouvernée, exploitée par les mêmes hommes, se servant des mêmes passions : sauf que les passions sont peut-être plus viles, parce que les hommes sont plus bas. Nos maîtres sont des viveurs, des jouisseurs, des flagorneurs de popularité, des ambitieux et des égoïstes. La République excite, flatte, allume toutes les passions, toutes les convoitises ; elle provoque toutes les lâchetés, comme elle impose toutes les apostasies. Cela est si vrai, que partout, dans notre pauvre pays conquis et ravagé par la Révolution, ce sont les vicieux, les libertins, les déclassés, les tarés, les gens de rien capables de tout, qui sont les souteneurs ardents de la République. Aussi, la République est vraiment le règne de la canaille, dont les meneurs de la révolution ont fait leur garde prétorienne.

La République nous répugne donc par tous nos besoins, tous nos souvenirs, tous nos penchants pour la monarchie. Elle nous répugne encore plus, s'il est possible, par ses origines, par ses instincts et par son histoire dans notre pays. La République fut le gouvernement de la Révolution, le système du despotisme collectif irresponsable, le plus terrible de tous, le régime de la terreur. Elle fut proclamée quelques jours à peine, après les massacres de Septembre 1792, qui sont bien les scènes les plus hideuses de cannibalisme que renferme notre histoire. A peine proclamée, elle eut l'audace impie de juger, de condamner et d'exécuter Louis XVI, le meilleur des hommes et le plus honnête des rois. Elle est marquée à jamais de la double tache de cette origine : son berceau baigne dans le sang le plus pur, le sang des prêtres massacrés aux Carmes, le sang de saint Louis versé sur la place de la Révolution. Après cela, ce sont des déchirements, des dénonciations, des jugements, des condamnations, des exécutions effroyables qui comprennent ce qu'on appelle la Terreur ; un régime, un gouvernement qui pendant trois ans porte et mérite ce nom horrible de *Terreur* !

Voilà sans doute chez tous les honnêtes gens un puissant motif de répulsion pour la République. Il n'est pas le seul. La République est chez nous la forme de la

Révolution, le système politique où se condense, s'exprime et fonctionne ce sophisme impie de la souveraineté du peuple, cet orgueil de l'homme révolté qui veut être la source et l'auteur même du pouvoir, qui veut faire et défaire son gouvernement, chaque jour, à chaque instant, selon les caprices de sa volonté ou la fièvre de ses passions. La République est en France la négation du droit divin, le détrônement de l'autorité divine, l'insurrection de la société contre son auteur. La République est donc essentiellement anti-religieuse, impie, et dès-lors persécutrice. Elle invoque la liberté, surtout la liberté de conscience, pour asservir la conscience et dégrader les âmes, pour nier, détruire et persécuter la liberté du père de famille et les droits du chrétien, l'indépendance de l'Eglise et la royauté de Jésus-Christ.

C'est ce qui nous explique comment la République parmi nous est si facilement possédée d'impiété, de haine contre la religion, de blasphème contre Dieu. C'est un instinct qui lui vient de son origine. Elle se forma de tous les sophismes impies des philosophes, des utopies niaises des économistes, des rêveries orgueilleuses des lettrés, des corruptions de l'aristocratie et du clergé, mélangées d'aspirations nobles et chimériques. Et tout cela qui s'amassait, s'amalgamait, fermentait au xviii⁰ siècle, fit explosion après 89, à ce point de bifurcation où la réforme dérailla en révolution et fonda la République. Elle a gardé depuis, sans pouvoir se débarrasser de ce vice originel, à chaque accès de révolution qui l'installe en France, le même esprit de révolte, de haine et de corruption.

Aussi, et c'est encore une des raisons qui rendent la République suspecte et odieuse, aussitôt qu'elle apparaît, la canaille court à elle : le limon, remué dans les bas-fonds de la société, tous les corrompus et tous les flétris, la partie gangrenée du pays en fermentation révolutionnaire, tous les révoltés contre les lois divines et humaines, tout cela réclame, acclame et proclame la République. Voilà ses cadres, ses fonctionnaires, ses prétoriens ; voilà bientôt ses candidats, les intrigants, les élus du suffrage universel. Voilà ceux qui vivent de la République, qui l'administrent et l'exploitent ; voilà ceux qui la compremettent, ceux qui la rendent odieuse, malfaisante, ridicule, et décident toujours contre elle une réaction qui l'emporte, jusqu'à ce qu'un autre accès de fièvre révolutionnaire nous la ramène.

Pour nous donc et chez nous, la République est foncièrement impie, méchante, car elle est foncièrement révolutionnaire. Son naturel est le besoin d'opprimer et de détruire, c'est la soif du sang et de la boue. Je me rappelle une histoire que contait un officier de spahis en Afrique. Dans une expédition, il prit un joli petit animal, souple, gracieux, au pelage fauve, rayé et tacheté de noir, au mufle aplati de félin. L'officier voulut élever dans sa tente le charmant animal. Les bonds, les souplesses de son corps nerveux, les caprices, les chatteries de son humeur fantastique, amusaient l'officier dans les ennuis du campement. Il grandit. Mais un jour, en campagne, l'officier désarçonné tomba de cheval : le gracieux animal, qui le suivait comme un chien, bondit sur lui, non pour le caresser, mais pour le dévorer. Le gracieux félin était un tigre dont le naturel faisait explosion. L'officier s'en débarrassa d'un coup de révolver. Il en est ainsi de la République, c'est un félin, c'est une tigresse : il n'y a point d'éducation, même à coup de cravache et de fouet, qui puisse changer sa nature de fauve et dompter ses instincts de carnassier.

Le mal de la République est donc fatal jusqu'à ce que nous ayons retrouvé notre assiette politique, retrouvé notre caractère, restauré nos lois et nos institutions, rétabli l'ordre, le respect et l'honneur dans la Monarchie. N'est-ce pas étrange, invraisemblable que notre pauvre pays, il est vrai désossé et stupéfié par la Révolution, s'abandonne si facilement à ces charlatans de démocratie, à ces empiriques de république ? Ils veulent changer-la constitution quatorze fois séculaire de la France, sous prétexte de lui donner une constitution moderne, toute neùve et qui n'aura pas servi. Ils voudraient refaire la France, la pétrir, la former, l'organiser à leur image et recommencer pour ce pauvre pays, à l'état adulte, toute la période de gestation, d'enfantement et d'éducation. Cela rappelle l'aventure des filles du vieil Eson, roi de je ne sais quel canton de la Grèce qui, pour rajeunir leur vieux père, le déchirèrent et mirent ses vieux membres bouillir dans une chaudière. Ils mettent ainsi, ces citoyens insensés, les membres de la vieille France déchirée bouillir dans leur marmite républicaine. Si elle en réchappe, elle aura la vie dure. Mais disons plutôt qu'il y a en elle quelque chose de divin, le sang abondant de la croix, la sève virginale de l'apostolat qui ressuscite sans cesse notre France aimée du Christ.

III

L'empire. – L'appel au peuple.

L'empire est d'ordinaire l'héritier de la République ; l'héritier *ab intestat*, car la République expire sans avoir le temps de faire de testament. Elle meurt dans le sang, étranglée, égorgée par un de ses fils, un César impatient d'hériter ou de régner, un Néron qui frappe au ventre l'Agrippine qui l'a porté. D'autres fois, elle crève dans l'imbécillité, ne laissant d'héritiers que des collatéraux avides, qui se jettent sur sa succession et se l'arrachent, jusqu'à ce qu'un soldat vienne les mettre d'accord en les dépouillant.

L'Empire est une forme de République. Longtemps, à Rome, avec Auguste, avec Tibère, avec les Césars, on se crut en République, on se dit en République. César était *imperator*, chef des armées ; et les décrets se rendaient toujours marqués du sigle traditionnel *S. P. Q. R. le Sénat et le peuple romain*. Dans les démocraties, là où le peuple, ce qu'on appelle le peuple, les électeurs, la masse ou la majorité des électeurs, là où le peuple est souverain, il veut toujours un homme qui centralise le pouvoir, qui représente et conduise le corps électoral, qui se revête de la majesté d'emprunt du souverain anonyme, indéfini ; un homme enfin qui commande, qui gouverne en son nom et qui se fasse donner très-facilement, par acclamation ou par plébiscite, surtout si c'est un soldat, le pouvoir illimité, la dictature.

Voilà l'Empire. A Rome, en France, dans la France révolutionnaire, l'Empire procède des mêmes lois, sort du même principe. L'Empire, c'est la démocratie condensée, organisée, armée, gouvernant un peuple comme on gouverne une caserne, comme on commande une armée. En France, avec cet invincible instinct monarchique qui nous suit partout, même en République, en France nous avons permis à César de constituer l'hérédité dans sa famille et de proclamer la perpétuité du pouvoir dans sa race. Mais toujours en vain. C'est ce que le comte de Chambord disait à la France, le 25 octobre 1852, au moment où, sortant du coup d'Etat, Louis-Napoléon allait rétablir l'Empire. Il le disait de cette voix sonore et vibrante, avec cette parole si royale et si française, bien faite pour ramener la France à ses institutions séculaires, si la France pouvait être ramenée que par la main de Dieu :

« Français, vous voulez la Monarchie, vous avez reconnu qu'elle seule peut vous rendre, avec un gouvernement régulier et stable, cette sécurité de tous les droits, cette garantie de tous les intérêts, cet accord permanent d'une autorité forte et d'une sage liberté, qui fondent et assurent le bonheur des nations. Ne vous livrez pas à des illusions qui tôt ou tard vous seraient funestes. Le nouvel Empire qu'on vous propose ne saurait être cette monarchie tempérée et durable dont vous attendez tous ces biens. On se trompe et on vous trompe, quand on vous les promet en son nom. La monarchie véritable, la monarchie traditionnelle, appuyée sur le droit héréditaire et consacrée par le temps, peut seule vous remettre en possession de ces précieux avantages, et vous en faire jouir à jamais. Le génie et la gloire de Napoléon n'ont pu suffire à fonder rien de stable ; son nom et son souvenir y suffiraient bien moins encore. On ne rétablit pas la sécurité en ébranlant le principe sur lequel repose le trône, et on ne consolide pas tous les droits en méconnaissant celui qui est parmi nous la base nécessaire de l'ordre monarchique. » (Manifeste du comte de Chambord, 25 octobre 1852.)

L'Empire est donc une fausse Monarchie. C'est une Monarchie despotique, autoritaire, irresponsable comme tout pouvoir qui vient de la souveraineté du peuple. Le peuple étant un souverain flottant, inconscient, illimité, ne communique le pouvoir qu'excessif, sans contrôle et sans responsabilité. Tout César pourra faire parler le peuple à son gré : comme il sera le seul interprète autorisé de sa parole et de sa volonté, son pouvoir sera sans limite et son gouvernement sans contrôle. « C'est un gouvernement personnel et despotique, dit un homme d'Etat, sous le masque de la souveraineté nationale, gouvernement qui consiste en ce que le souverain exécute ses volontés, ses caprices, à coup de plébiscites et de sénatus-consultes. (*Histoire du comte de Chambord*, par un homme d'Etat.)

Nous nous laissons tromper cependant par un extétérieur d'ordre et de régularité. La force qui dompte et discipline a sur nous un grand ascendant. Et pour peu que nous soyons menacés par l'anarchie qui suit d'ordinaire les orgies de despotisme tracassier et de persécution imbécile où finit la République, nous nous empressons de nous réfugier sous la protection d'un sabre. Nous irions plutôt nous mettre à couvert sous la garde d'un bâton. C'est l'instinct de la conservation et le tempérament monarchique.

Eh bien ! cela ne dure pas ; cela ne peut pas durer, parce que cela n'a pas de racines *ès cœurs des Français*, comme disaient nos vieux auteurs, du respect et de l'amour de nos ancêtres pour leur roi. Cela ne peut pas durer, car le pouvoir, magistrature ou dictature, qui vient de la souveraineté du peuple, est instable, changeant et précaire comme cette souveraineté. Voilà notre histoire : voilà l'histoire des deux ou trois Empires que nous avons déjà vus. Et cette histoire de révolutions, de coups d'Etat, de violations du droit, d'insurrections et de sang répandu, de dictature et de plébiscite amnistiant toutes ces violences, nous rappellent la noble, calme et magnifique protestation du comte de Chambord. La police du dictateur la poursuivit et l'étouffa. La France ne l'entendit pas. On la connaît peu, on l'a oubliée. Elle reste cependant comme la protestation immortelle du bon sens et de l'histoire, du droit et de la vérité, contre tous les césarismes de la rue et de la caserne.

L'Empire a pour se rajeunir et se rassurer (car la dictature s'épuise vite et chancelle bientôt), l'Empire a l'appel au peuple et le plébiscite. Ce sont des mots peu français ; et cette terminologie césarienne est latine, romaine, païenne, comme le système de gouvernement dont elle est l'outillage. L'appel au peuple est une représentation, si l'on veut, une comédie où se joue la prétendue souveraineté du peuple, conduite et menée en laisse par une dictature ou par un despotisme qui veut se faire légitimer, se faire *absoudre*, comme disait Napoléon III au lendemain du coup d'Etat. Or, l'appel au peuple absout toujours les coupables qui violentent le pouvoir ; il accepte toujours les faits accomplis ; il répond toujours à qui l'interroge dans le sens de la demande qu'on lui fait et selon l'interrogation qu'on lui pose.

Après tout, quelle comédie que cet appel au peuple ! On interroge le peuple, c'est-à-dire le corps électoral, cet amas d'unités, ce tas d'individus sans lien, sans cohésion, sans subordination ; on l'interroge, on le fait voter. Mais qui ne comprend que la réponse que l'on demande dépend de la question que l'on fait ? Qui ne comprend que le vote qu'on sollicite dépend de la main qui tient les urnes ? Peut-on attendre une réponse intelligente et délibérée, un vote réfléchi, un verdict

souverain, de cette masse d'électeurs soulevés et
secoués par une main puissante, de cette poussière
d'unités sans cohésion, qu'un gouvernement établi peut
pousser où il veut et comme il veut ? Quand même on
accorderait à cette masse inconsciente, qui est à une
nation ce qu'une multitude est à une armée, quand
même on lui accorderait la faculté de réfléchir, de délibérer et de décider en connaissance de cause, en possession d'une volonté déterminée, qui ne comprend,
qui ne voit l'énorme pression que le fait accompli doit
exercer sur les décisions d'un peuple, à qui l'on
demande s'il veut être gouverné, ou s'il veut qu'on le
laisse retomber dans l'anarchie ?

Or, ce sont toujours des gouvernements établis, orga-
nisés, centralisés, qui posent les questions au peuple et
qui l'interrogent. — Me voulez-vous ? Je ferai votre
bonheur, je vous donnerai la paix et l'abondance, la
gloire et la prospérité : voulez-vous que je reste ou
voulez-vous que je m'en aille ?.... demandent-ils. —
Restez, restez, répond le peuple par la voix de ses cent
mille fonctionnaires, par la voix de ses millions d'électeurs, guidés et soufflés par les fonctionnaires.—N'est-ce
pas une duperie que cette consultation ? N'est-ce pas
une comédie que la réponse de ces votes ? On appelle
cela un plébiscite.

Quelle force peuvent bien donner à l'Empire ces
plébiscites rédigés par le pouvoir et signés par la masse
inconsciente des électeurs ? On comprend cette germination lente, mais robuste, d'un pouvoir monarchique
constitué dans une famille nationale qui vit avec le
peuple, dans le peuple et de la sève du peuple, comme
le chêne dans le sol qui le porte, du sol où il plonge
ses puissantes racines, dans l'atmosphère où il épa-

nouit sa vaste ramure. Mais ces pouvoirs campés sur le sol, élevés en un jour, sortis en une nuit d'orage d'un sol bouleversé, ces pouvoirs peuvent tout se permettre, tout oser; ils peuvent se faire donner toutes les approbations, toutes les absolutions, toutes les investitures et tous les sacres populaires : ils ne se feront donner ni la durée, ni la perpétuité, comme ils ne se peuvent faire donner d'ancêtres ni d'héritiers.

On l'a bien vu : notre histoire est pleine de ces enseignements. En 1870, l'Empire, épuisé de dictature, voulut se rajeunir dans un bain de libéralisme. Il fit un appel au peuple, pour lui demander s'il l'autorisait à changer de manière, à gouverner la France avec les engins parlementaires de la liberté de réunion, de la liberté de la presse, de la liberté de la rue, et le reste. Le peuple répondit, comme il répond toujours, au maître qui l'interroge sur les faits accomplis, par des millions de *oui*. Quatre mois après, ce gouvernement tombait dans la rue après que notre armée était tombée à Sedan. Et nul de ces millions d'adhérents et d'approbateurs n'empêchait la canaille démocratique de se ruer sur le trône vide et de prendre la place abandonnée. Nul ne protestait contre cette révolution du 4 septembre, la plus odieuse et la plus lâche qui fût jamais en face de l'ennemi.

C'est un mensonge, encore une fois; c'est une duperie. L'Empire est un système de dictature qui ne peut durer en France ; c'est une variété de gouvernement révolutionnaire qui ne peut se fixer dans un sol monarchique occupé par les racines d'une race historique et nationale. Gouvernement d'aventure, vivant de dictature personnelle et se couvrant d'expédients révolutionnaires, l'Empire peut tromper le peuple en l'enivrant de batailles et de gloire, en le saturant d'agiotage et de luxe. Mais on ne gouverne pas longtemps un grand peuple par ces moyens factices et violents. Il lui faut un gouvernement qui plonge ses racines historiques dans les générations écoulées, qui réponde à son tempérament constitutionnel ; un gouvernement sorti de ses entrailles par une longue germination, qui réponde à ses aspirations en partageant sa vie ; un gouvernement en harmonie avec ses mœurs, ses idées, avec les modifications profondes que les révolutions ont faites dans son caractère, avec les blessures mêmes et les infirmités que les dictatures et les oppressions du césarisme impérial ou démocratique ont imprimées dans sa constitution.

Il y aurait un parallèle intéressant à faire entre les Bourbons et les Bonaparte, entre l'Empire et la Monarchie. Les Bonaparte, après avoir pris la France des mains de la Révolution, après l'avoir épuisée de sang et de gloire, l'ont abandonnée aux mains de l'étranger, envahie, humiliée, diminuée. Les Bourbons, (nous ne parlons pour le moment que des révolutions de notre siècle) après avoir reçu la France qui s'est donnée elle-même par l'instinct de la conservation, après l'avoir reçue, arrachée aux convulsions de l'anarchie, disputée aux convoitises haineuses de l'étranger orgueilleux et triomphant, l'ont bientôt relevée, pacifiée, agrandie. Et le dernier legs de notre royauté nationale à la France ingrate, insurgée contre un gouvernement paternel, ce fut cette Algérie que la République ne sait ni gouverner ni défendre.

Citons un seul fait de l'influence bienfaisante, libératrice du principe de la Monarchie et de la légitimité. On vient de publier la *Correspondance de Louis XVIII et de Talleyrand* pendant le Congrès de Vienne. Rien d'admirable comme la noble intrépidité du vieux Roi, comme l'habile tenacité du diplomate, pour sauver l'intégrité de la France, arracher la Saxe à la Prusse et Naples à la Révolution. — M. de Talleyrand fait ici le ministre de Louis XIV — disait l'empereur Alexandre, exaspéré mais vaincu. En effet, c'était le petit-fils de Louis XIV que ce vieux roi podagre, représenté par ce vieux diplomate sortit tout éclopé de la Révolution ; c'était le successeur de soixante rois, l'aîné de toutes les races royales, qui, tout vaincu qu'il était, imposait le respect du droit et de la France dans ce Congrès de rois.

« La leçon supérieure et dominante qui se dégage de cette correspondance de Louis XVIII et de Talleyrand ressort lumineusement des faits eux-mêmes ; c'est que la Monarchie, par la seule force de son principe, c'est qu'un Bourbon au nom d'une lignée de soixante rois, ont pu dicter à l'Europe victorieuse et jalouse des conditions de paix qu'aucun autre pouvoir, quel qu'il fût, n'aurait pu obtenir en faveur d'un pays abattu, ruiné et envahi. Napoléon lui-même le reconnaissait quand, se désolant avec Caulaincourt, d'avoir reçu la France si grande et de la laisser si petite, il se demandait s'il ne ferait pas appel aux Bourbons. — « Je possède peut-être encore, disait-il, un moyen de sauver la France : c'est de rappeler moi-même les Bourbons ! Il faudrait bien que les alliés s'arrêtassent devant eux... » Déjà, en 1810, il avait dit au prince de Metternich, en discutant avec lui une question d'affaires : « Savez-vous pourquoi Louis XVIII n'est pas assis en face de vous ? Uniquement parce que j'y suis, moi. Tout autre n'aurait pu s'y maintenir ; et si jamais je devais disparaître par suite d'une catastrophe, nul autre qu'un Bourbon ne pourrait s'asseoir à cette place. » (Léon Lavedan, *le Corresp.*, 10 mai 1881, p. 551.)

Voilà, mes amis, le principe qui relèverait la France ; voilà la Monarchie qui la sauverait ; c'est la Monarchie que le comte de Chambord, écrivant à Berryer, (le roi de la noble France, au roi de l'éloquence française,) proclamait, précisait, formulait en ces termes : — « Dépositaire du principe fondamental de la Monarchie, je sais que cette Monarchie ne répondrait pas à tous les besoins de la France, si elle n'était en harmonie avec son état social, ses mœurs, ses intérêts ; et si la France n'en reconnaissait et n'en acceptait avec confiance la nécessité. Je respecte mon pays autant que je l'aime. J'honore sa civilisation et sa gloire contemporaine, autant que les traditions et les souvenirs de son histoire. Les maximes qu'il a fortement à cœur et que vous avez rappelées à la tribune, l'égalité devant la loi, la liberté de conscience, le libre accès pour tous les mérites à tous les emplois, à tous les honneurs, à tous les avantages sociaux, tous ces grands principes d'une société éclairée et chrétienne me sont chers et sacrés comme à vous, comme à tous les Français.

» Donner à ces principes toutes les garanties qui leur sont nécessaires par des institutions conformes aux vœux de la nation et fonder, d'accord avec elle, un gouvernement régulier et établi, en le plaçant sur la base de l'hérédité monarchique et sous la garde des libertés publiques à la fois fortement réglées et loyalement respectées, tel serait l'unique but de mon ambition. J'ose espérer qu'avec l'aide de tous les bons citoyens, de tous les membres de ma famille, je ne manquerais ni de courage, ni de persévérance pour accom-

plir cette œuvre de restauration nationale, seul moyen
de rendre à la France ces longues perspectives de
l'avenir, sans lesquelles le présent, même tranquille,
demeure inquiet et frappé de stérilité. » (Lettre du
comte de Chambord à Berryer, 23 avril 1851.)

Restons, mes amis, sur cette vision de la Monarchie
qui a fait la France si grande et qui la referait si puissante, si unie et si pacifiée. Si vous le voulez, cette vision sera la réalité, cet admirable programme de gouvernement se réalisera pour votre bonheur. En attendant, connaissons mieux, pour mieux la désirer et plus
promptement la posséder, cette royauté nationale et
chrétienne dont le comte de Chambord est le noble
représentant.

IV

La Royauté nationale et chrétienne.

Un peuple ne recommence pas, il continue. J'ai
tâché de vous faire comprendre, mes amis, la folie em-
pirique et désastreuse de ces politiciens qui, depuis 89,
veulent changer la constitution de la France, veulent
la mettre dans le lit de Procuste de leurs utopies et
l'adapter aux savantes combinaisons de leur esprit. Ils
pourront l'enchaîner et la mutiler ; ils pourraient la
faire périr, si le Christ ne lui gardait pas la vie ; mais
ils ne pourront pas la changer au fond. Ils ne peuvent supprimer les 14 siècles de son histoire. Ils ne
peuvent écourter les développements de sa constitution
pas plus que les œuvres de son génie, pas plus que ses
souffrances, ses épreuves, ses entraînements chevale-

resques, ses magnifiques *gestes* pour Dieu, son Christ et son Eglise.

Ils ne le peuvent pas ; et cependant ils y travaillent avec un acharnement qui semblerait risible et puéril s'il n'était malfaisant et coupable. Pour eux, il n'y a pas de France avant 89 : il n'y a qu'un peuple d'esclaves et d'imbéciles ; esclaves, les barons et les chevaliers de Philippe-Auguste ; esclaves, les communes de Louis VI et les corporations d'ouvriers de saint Louis ; imbéciles, les générations de théologiens, de savants, de lettrés, de poètes, d'orateurs qui ont illustré la France du XIIIe au XVIIe siècle, qui ont fondé l'incontestable et glorieuse domination de la langue, du génie et de la civilisation de la France ! — Entreprise impossible et parricide inutile. La France sortie avec Clovis de la piscine baptismale de Reims, la France a vécu, bataillé, prié, parlé, chanté, souffert, vaincu pendant quatorze siècles ; et 89 n'est qu'une crise de sa vie, une étape de son chemin, une évolution de son histoire.

Or, pendant cette longue et glorieuse histoire, la France, constituée en Monarchie, a été servie, défendue, agrandie, gouvernée par une royauté : c'est la royauté nationale et chrétienne, c'est la royauté de Clovis, de Charlemagne, de saint Louis, d'Henri IV et de Louis XIV. Quel peuple dans l'histoire porte à sa tête une telle succession de grands hommes, une telle suite de rois, de princes intelligents et dévoués, intelligents des besoins, des aspirations, des destinées de la patrie, dévoués à sa grandeur, à ses intérêts, à sa suprématie dans la famille des nations chrétiennes ? Ils sont tellement français, nos princes, qu'ils sont la tête et le cœur de notre grand pays ; ils sont le sommet, la fleur et le couronnement de cette nation privilégiée :

de telle sorte qu'on ne conçoit pas la France sans sa royauté si profondément nationale, qui est sortie de son sein, issue de ses entrailles par une germination naturelle et providentielle. La famille de nos rois est le première famille française ; et, préservée par la loi salique des infiltrations étrangères, c'est la famille la plus entièrement et foncièrement française.

Elle est donc essentiellement nationale. Elle a formé la nation avec un esprit de suite, une unité de plan, une largeur de vue, une persévérance d'efforts qui sont l'admiration de ceux qui réfléchissent en étudiant nos annales et qui devraient exciter la reconnaissance de la France moderne. « C'est du centre même du pays que partit la royauté pour cette conquête et cette formation de la France. Paris sur la Seine, Orléans sur la Loire furent ses points de départ ; l'Océan, les Pyrénées, la Méditerranée, les Alpes et le Rhin ses points d'arrivée. Elle ne se mit en marche qu'après s'être affermie dans ses possessions particulières et avoir donné aux diverses classes, destinées à être le rudiment de la société moderne, le temps de se former. Depuis lors, les acquisitions territoriales au moyen de la conquête, des donations, des successions ou des mariages, continuèrent sans pouvoir être arrêtées. La Normandie et la Tourraine, le Maine et l'Anjou sous Philippe-Auguste ; le Languedoc et le Poitou sous saint Louis ; la Champagne et le Lyonnais sous Philippe le Bel ; le Dauphiné sous Philippe de Valois ; la Saintonge et le Limousin sous Charles V.; la Guyenne sous Charles VII; la Provence, la Bourgogne et la plus grande partie de la Gascogne sous Louis XI ; la Bretagne sous Charles VIII; le Bourbonnais, la Marche et l'Auvergne sous François Ier ; les trois évêchés de Metz, Toul et Verdun sous

Henri II ; la Navarre, le Béarn, les comtés de Foix, de Comminge, et presque toutes les vallées du revers septentrional des Pyrénées, la Bresse sous Henri IV ; l'Alsace, le Roussillon, l'Artois, la Franche-Comté, une partie du Luxembourg, de la Flandre, du Brabant, du Hainaut sous Louis XIV ; la Lorraine et la Corse sous Louis XV (ajoutons l'Algérie sous Charles X, pour être complets) furent successivement rattachés au noyau agrandi de la France. » (Mignet. *Essai sur la formation territoriale et politique de la France.*) « De tels services appellent une récompense proportionnée, dit M. Taine. On admet que de père en fils, le roi contracte mariage avec la France ; qu'elle n'agit que par lui, qu'il n'agit que pour elle ; et tous les souvenirs anciens, tous les intérêts présents viennent autoriser cette union. L'Eglise la consacre à Reims par une sorte de huitième sacrement, accompagné de légendes et de miracles ; il est l'oint de Dieu. » (*Les origines de la France contemporaine, — l'Ancien régime*, chap. Ier, p. 15.)

Quelle royauté fut donc plus nationale et par ses origines, et par sa vie, et par ses développements, et par ses services, et par cette concordance, on pourrait dire cette participation de pensée, d'âme et de vie qui fait de la royauté française une réduction de la nation française, et de la nation française un vaste épanouissement de sa royauté nationale? On peut dire que ce vaste royaume, le plus beau, disaient les anciennes chroniques, après celui du ciel, se résume, ou plutôt se résout, palpite, agit, pense, marche, combat, conquiert, gouverne et règne par sa Royauté. Aussi la France a subi bien des crises dans son histoire, elle a été menacée par bien des ennemis : les tribus Germai-

nes sous les Mérovingiens, les Allemands sous les Car-
lovingiens, les Anglais sous les Capétiens, les Albigeois
au XIIIᵉ siècle, les Huguenots au XVIᵉ; eh bien ! non-
seulement elle n'a point sombré, ni péri, mais elle n'a
pas été sérieusement entamée, ni pendant la triste folie
de Charles VI, ni par la coalition des grands vassaux,
ni par l'insurrection aristocratique des huguenots.
Charles VII délivra la France de l'Anglais : Louis XI
l'arracha aux vassaux qui la démembraient: Henri IV la
sauva de l'anarchie en se délivrant de l'hérésie. Dans ces
crises nationales, la France échappe à la conjuration
de ses ennemis, armés pour la détruire, coalisés pour
la démembrer, parce que sa royauté souffre, espère,
combat avec elle, pour elle. On sent dans cette royauté
la vie et l'avenir, la destinée et le génie de la France.
Le Christ intervient visiblement dans son histoire : par
exemple lorsqu'il envoie Jeanne d'Arc, sa virginale
héroïne. Mais c'est à la royauté que sont adressés ces
secours divins. C'est entre ses mains que sont placés
ces glaives prédestinés. Elle est visiblement le bras de
la France ; et ce bras armé l'a toujours défendue, pro-
tégée, agrandie et glorifiée.

Cela est si vrai que la royauté française est essentiellement, admirablement nationale, qu'elle est comme
l'essence même et la réduction de la nation, qu'elle en
résume toutes les qualités, toutes les vertus et même
tous les défauts. Cette royauté est française : on la
reconnaît facilement à ce caractère. Elle est française
par la noblesse de race et par l'élévation de sentiment ;
elle est française par le désintéressement chevaleresque
et le dévouement aux grandes causes ; elle est française
par le courage, par l'élan, par la fougue et l'intrépidité;
elle est française par la bonté qui peut arriver jusqu'à

la faiblesse, par la fierté qui peut arriver jusqu'à l'orgueil, par la loyauté qui peut aller jusqu'à la simplicité, par l'amabilité qui peut aller jusqu'à la légèreté, par la galanterie qui peut violer jusqu'aux plus saintes lois du mariage. Eh bien ! même en ses défauts, en ses désordres, cette royauté reste française, cette race de Bourbons est obstinément française.

Si nous voulions comparer notre royauté nationale à cet Empire napoléonien qui voulut la remplacer, si nous voulions faire le parallèle des Bourbons et des Bonapartes, nous verrions comme les Bonapartes sont peu Français par leurs qualités comme par leurs défauts. Ils sont peu Français par leur origine, par leur race ; peu Français par leur génie de ruse et de despotisme ; peu Français par leur ambition même et leur politique cosmopolite ; en tout, ils sont peu Français. Qui donc disait qu'on aurait beau piler tous les Bourbons dans un mortier, mais qu'on ne pourrait en extraire un tyran ? Qui nous dira que les Bonapartes ne sont pas naturellement despotes, naturellement absolus ? Leur pouvoir c'est le césarisme démocratique et païen, comme le pouvoir des Bourbons est le pouvoir essentiellement modéré de la royauté nationale et chrétienne.

Dans le voyage à Cherbourg de Louis XVI, qui fut comme le dernier triomphe de la royauté chrétienne, son jour des Rameaux avant sa passion, une femme s'approcha du roi, lui demandant la faveur de lui baiser la main. « Pourquoi pas la joue ? » dit le roi, se laissant aller à l'émotion de cette paternité qui fait le fond de la royauté chrétienne. En regard, lisez les *Mémoires de Mme de Rémusat*, un témoin impartial cependant, et plutôt gagné d'avance à l'admiration ; et voyez le tableau, discret cependant, de ces instincts détestables, de ces luttes intestines d'orgueil, de jalousie, d'égoïsme personnel et de mépris pour l'humanité, de dédain même pour la France. Et l'on conclut tristement avec le témoin, navré de ces petitesses de cœur et de ces dépravations de sens moral : « Il faut le dire parce que cela est vrai, il y a dans Bonaparte une certaine mauvaise nature innée qui a particulièrement le goût du mal dans les grandes choses comme dans les petites. » (Mme de Rémusat. *Mémoires*, chap. 28.) Et pour qui connaît l'histoire de la famille, il faut reconnaître que cette mauvaise nature s'est communiquée plus ou moins à tous ses membres, et qu'elle se condense dans l'héritier actuel et le chef officiel de cette famille funeste.

De la lecture même des mémoires que je viens de citer, jaillit une autre comparaison. Quelques Bourbons ont malheureusement scandalisé la France par leurs mœurs débordées et l'ont entraînée avec eux dans le mépris des lois divines et dans le châtiment de la Révolution. Mais ici même ils sont Français : ils se laissent séduire et dominer par le cœur autant que par les sens. Ils veulent relever, en les élevant, les pauvres femmes accablées sous l'adultère royal. Les Bonaparte eurent des mœurs non moins dissolues mais plus dépravées. Ils laissèrent dans la domesticité les objets de leur passion, ne voulant pas se laisser dominer même par le cœur. Avec le mépris des mœurs, ils avaient le mépris de la femme. Ils n'ont rien de chevaleresque, pas plus dans leurs désordres que dans leurs idées et leur politique.

Mais relevons-nous. Ces souillures, ces désordres au milieu desquels même se fait reconnaître le caractère de nos princes, ils ont été expiés par le martyre de Louis XVI et de Marie-Antoinette, les plus dignes, les plus nobles, les plus chastes victimes de la royauté. Au besoin ils auraient été effacés par le sacrifice volontaire de la sainte carmélite, fille de Louis XV, Mme Louise de France ; par la mort expiatoire de Mme Elisabeth, l'ange de la royauté, chrétienne transfigurée par l'échafaud. Car elle est chrétienne, cette royauté : chrétienne par son origine ; elle commence au baptistère de Reims ; chrétienne par sa foi, elle a toujours professé la foi catholique, c'est un hommage que les Papes lui ont rendu ; chrétienne par son dévouement à l'Eglise ; chrétienne par le sacre ; enfin chrétienne par le martyre. La mort de Louis XVI fut un martyre autant qu'une expiation. Le Pape Pie VI le proclama solennellement en même temps qu'il jetait l'anathème aux bourreaux du saint roi, et qu'il protestait au nom du droit, de la justice et de la conscience chrétienne, contre l'abominable régicide de la Convention.

Aussi profondément qu'elle est nationale, la royauté française est chrétienne : ces deux titres se rattachent l'un à l'autre, ces deux caractères sont inséparables l'un de l'autre. L'Eglise fut comme la mère et la nourrice de cette royauté. Un historien anglais a dit que les évêques ont formé la France comme les abeilles forment une ruche. En effet, l'Eglise, par ses évêques, par ses prêtres, par ses moines, modère les violences de la conquête, convertit, adoucit, baptise les rudes tribus franques, dompte, assouplit, fait courber devant la croix la tête des doux Sicambres dont elle fait de fiers chrétiens. Elle enseigne aux rois l'équité, la mansuétude, en même temps qu'elle règle et dirige leur bouillante énergie, leur indomptable courage. Elle défriche, assainit, peuple les campagnes, enseigne aux populations, qu'elle ramène ou qu'elle groupe autour de la croix, la culture de la terre avec la culture de l'âme. Elle amalgame et pétrit dans ses mains puissantes les races conquises et la race conquérante. Elle inspire, elle pénètre de son souffle les institutions nationales. Enfin, l'Eglise fut non-seulement l'auxiliaire intelligente de la royauté dans la formation de la France, mais l'on peut dire qu'elle fut l'institutrice assidue, persévérante et dévouée de cette nation privilégiée, de cette race française si noble, si chevaleresque, si aimable et si séduisante encore, malgré ses déchéances et ses dépravations révolutionnaires.

Dans toute son histoire, la royauté française fut aidée de l'Eglise ; la royauté servit l'Eglise. Sous Pépin et Charlemagne, elle paya sa pieuse dette de reconnaissance en délivrant la Papauté et fondant son indépendance politique. Sous Louis VII et saint Louis, elle mit son épée au service de l'Eglise, et refoula la barbarie musulmane en entraînant la France au tombeau de Jésus-Christ. Mais qui nous dira les attentions, les déférences, les tendresses quasi-maternelles de l'Eglise pour la royauté française ? Qui nous dira le respect filial, la vénération affectueuse, le dévouement chevaleresque de la royauté pour l'Eglise ? Les rapports intimes et pour ainsi dire de famille entre l'Eglise et la royauté, entre la royauté et l'Eglise, sont un des côtés les plus attrayants, les moins connus, mais les plus importants de notre histoire.

Il y eut des mésintelligences dans cette longue intimité. La royauté, mal conseillée par les légistes infectés de droit romain et de césarisme, voulut quelquefois secouer le lien séculaire de respect et d'obéissance qui la rattachait à l'Eglise ; elle voulut, à un moment, trompée par un esprit de superbe et de domination, opprimer l'Eglise dans son enseignement. Ces mésintelligences déplorables, ont fait bien du mal à la France, et contribuèrent à frayer la voie à la Révolution. Mais ce ne furent jamais que des accidents et des brouilleries de famille, et les rois de France sont demeurés les fils aînés de l'Eglise et les rois très chrétiens.

Aujourd'hui, nous comprenons mieux, j'entends ceux qui peuvent et qui veulent comprendre, nous comprenons mieux que la royauté française doit être résolûment chrétienne, qu'elle doit à l'Eglise assistance, respect et soumission ; que c'est l'ordre divin ; que l'union plus intime de ces deux grandes forces, l'une politique et sociale, l'autre divine et surnaturelle, peut seule restaurer l'ordre et la paix dans la France arrachée à la Révolution ; que l'Eglise, que le prêtre, non-seulement doit être libre dans l'exercice de son ministère, indépendant et honoré, mais encore que son action, son influence, sa direction sont à la fois une lumière, un secours, une force. Nous comprenons mieux qu'il a des promesses, non-seulement pour la vie future, mais pour la vie présente. Le prêtre, comme prêtre, comme ministre du Christ et dispensateur des mystères de Dieu, doit éclairer de haut, inspirer et conseiller le gouvernement des peuples chrétiens.

Ce fut le malheur des derniers siècles, l'erreur combinée et la malice concentrée du protestantisme, du gallicanisme et du philosophisme que cet acharnement à séparer la royauté de l'Eglise, d'écarter le prêtre des conseils de la royauté, de le rendre suspect, odieux et ridicule. Ce fut un malheur, une des sources de la Révolution pour la royauté française ; ce fut une tristesse, une épreuve, une diminution pour l'Eglise. Mais nous revenons à l'ordre dans les idées pour faire rentrer l'ordre dans les institutions et dans les faits. Les Papes ont défini ces grandes vérités. Pix IX dans l'immortel *Syllabus*, Léon XIII dans l'immortelle encyclique *Diuturium* ont signalé les écarts, condamné les erreurs, proclamé que l'autorité vient de Dieu ; que la souveraineté ne vient pas d'en bas, mais d'en haut ; que ce n'est pas le nombre, mais le droit, qui fait le pouvoir ; que l'Eglise et l'Etat ne doivent pas être séparés, mais unis ; ne doivent pas être confondus, mais distincts ; que l'Eglise ne doit pas être subordonnée à l'Etat, mais l'Etat soumis à la loi de Dieu interprétée par l'Eglise ; que l'Eglise a reçu mission d'enseigner, de conseiller, de diriger les nations et les peuples, de la part de Celui qui a dit, qui seul peut dire : « Par moi, les rois règnent, les princes commandent et les législateurs font des lois justes. »

Diriger, disons-nous, non gouverner. En France, on est enclin à la parodie, et la parodie, aidée de la raillerie, a bientôt compromis une vérité. Les folliculaires de la Révolution peuvent parler encore du gouvernement des curés, du parti prêtre, de la domination des Jésuites... Ces sottises surannées ne peuvent effrayer que des conservateurs béotiens, des bourgeois gâtés de voltairianisme ; mais ne font qu'exciter le dédain et la pitié des vrais catholiques et des royalistes sincères. Ils se rappellent ces belles et loyales paroles du comte de Chambord à un de ses amis : « En être réduit, de nos jours, à évoquer le fantôme de la dîme, des droits féodaux, de l'intolérance religieuse, de la persécution

contre nos frères séparés ; que vous dirai-je encore ?
De la guerre follement entreprise, dans des conditions
impossibles, du gouvernement des prêtres, de la pré-
dominance des classes privilégiées. Vous avouerez
qu'on ne peut pas répondre sérieusement à des choses
si peu sérieuses. A quels mensonges la mauvaise foi
n'a-t-elle pas recours, lorsqu'il s'agit d'exploiter la cré-
dulité publique ? Je sais bien qu'il n'est pas toujours
facile, en face de ces manœuvres, de conserver son
sang-froid ; mais comptez sur le bon sens de vos intel-
ligentes populations pour faire justice de pareilles sottises. Appliquez-vous surtout à faire appel au dévouement de tous les honnêtes gens sur le terrain de la
réconciliation sociale. Vous savez que je ne suis point
un parti, et que je ne veux pas revenir pour régner par
un parti ; j'ai besoin de tous et tous ont besoin de
moi. » (Lettre du comte de Chambord au vicomte de
Rodez-Bénavent, 19 septembre 1873).

Au reste, les curés ne veulent point gouverner, ne
prétendent point gouverner. Le prêtre doit être le
conseiller et non le ministre des rois. Nous le savons et
nous n'en rougissons pas, l'union très intime du sacer-
doce et de la royauté produisit de grandes choses.
Le prêtre et le moine ont des capacités de gouvernement, des hauteurs de vue, des désintéressements de
caractère particuliers au génie sacerdotal. Ne l'oublions
pas et ne soyons pas ingrats. Saint Bernard et Suger
ont préparé le plus beau siècle du moyen-âge, le siècle
de saint Louis. Richelieu et Mazarin ont préparé le
plus beau siècle des temps modernes, le siècle de
Louis XIV. Mais, encore une fois, l'Eglise ne réclame
et ne demande rien de pareil. Elle a pu condescendre
à prêter ses lumières et ses hommes aux princes qui

les lui demandaient ; elle n'a point voulu s'enchaîner au gouvernement des choses de ce monde. A ceux qui lui demanderaient d'intervenir autrement qu'en médiatrice dans les affaires de la politique, elle répondrait que son royaume n'est pas de ce monde. Elle répugne à mettre ses mains, à compromettre sa liberté dans les combinaisons politiques. Mais elle maintient son droit, non-seulement sur les âmes, mais encore sur les sociétés et sur les peuples, de proclamer, d'interpréter, d'imposer la loi de Dieu, de défendre les droits, de rappeler les devoirs réciproques des princes et des sujets, de résoudre les cas de conscience qui pourraient troubler les peuples ou embarrasser les gouvernements.

Royauté nationale et chrétienne, monarchie traditionnelle adaptée aux besoins, aux mœurs, aux aspirations légitimes du pays, tel est le vœu, telle fut l'éclatante volonté de la France, la dernière fois qu'elle fut légitimement et sincèrement consultée : « La France est une monarchie héréditaire de mâle en mâle dans la famille de Bourbon. » (Dépouillement des cahiers lus dans la séance du 16 juillet 1789 de l'Assemblée nationale.) C'est ainsi que le comprend la haute intelligence du comte de Chambord. C'est ainsi qu'il le définit et le proclame avec sa langue si claire, si magistrale, si vraiment française et royale : « Il s'est rencontré, dit-il à M. de Riancey, des écrivains qui ont osé dire qu'il y a opposition, antagonisme, incompatibilité entre la foi et le patriotisme, l'ordre divin et l'ordre social, le spirituel et le temporel, la papauté et le progrès. Catholique et français, justement indigné d'assertions si étranges, vous avez réclamé hautement, au nom de la raison, du bon sens et de l'expérience, contre ces audacieux mensonges ; et il n'est pas de cœur vraiment français et vraiment catholique qui ne s'associe à vos éloquentes et chaleureuses protestations. Qui ne voit, en effet, que la chute de la souveraineté la plus auguste qu'il y ait en ce monde, entraînerait celle de toutes les souverainetés ; que dans ces droits sacrés sont attaqués tous les droits ; que sous son pouvoir temporel, c'est son pouvoir spirituel que la Révolution veut atteindre, et qu'ainsi c'est à la société, à la religion, à l'Eglise, à Dieu même qu'on fait la guerre ? » (Lettre à M. Ch. du Riancey, 12 mai 1860).

Il écrivait au général Lamoricière, qui mit sa vaillante épée au service de Pie IX, cette lettre vraiment héroïque : « Je vous écris, mon cher général, sous l'impression de votre ordre du jour que je viens de lire. Appelé par le chef de l'Eglise à soutenir ses droits sacrés, sauvegarde inviolable et sainte garantie de tous les droits, vous n'avez pas hésité un seul instant à mettre votre vaillante épée à sa disposition. Honneur au vaillant héros chrétien qui se voue ainsi à la défense de l'autorité et de la vraie liberté attaquées à la fois dans le pontife suprême qui en est, sur la terre, le plus auguste représentant ! Honneur à tous ceux qui, marchant sur vos traces, sont prêts à donner, non-seulement leur or, mais leur sang et leur vie pour une si noble cause ! Combien je me sens heureux et fier de voir que c'est surtout dans les rangs de mes amis que se manifestent ces admirables dévouements ! Fasse le ciel que bientôt, sortant moi-même de mon inaction forcée, je puisse me sacrifier aussi tout entier au triomphe du droit sur l'iniquité, de la vérité sur le mensonge, de l'ordre et de la liberté sur la licence et l'oppression, en un mot de la civilisation chrétienne sur la barbarie révolutionnaire. C'est mon désir ardent et ma ferme espérance. » (Lettre au général Lamoricière, 18 avril 1860.)

Il dit ailleurs, dans une lettre admirable, sur la question ouvrière : « La royauté vraiment chrétienne et vraiment française doit faire aujourd'hui pour l'émancipation et la prospérité morale et matérielle des classes ouvrières ce qu'elle a fait en d'autres temps pour l'affranchissement des communes. » (Lettre du 20 avril 1865.) Cette royauté chrétienne veut être de son temps, de son pays, avec des droits incontestables, mais avec d'immenses devoirs, sauvegardée par le droit divin, mais tout entière dévouée au bien de tous. « Vous savez depuis longtemps, dit-il à un de ses amis, les vœux que ma raison et mon cœur me dictent pour ma patrie. Est-il besoin de vous le redire ici ? Un pouvoir fondé sur l'hérédité monarchique, respecté dans son principe et dans son action, sans faiblesse comme, sans arbitraire, le gouvernement représentatif dans sa puissante vitalité, les dépenses publiques, sérieusement contrôlées, le règne des lois, le libre accès de chacun aux emplois et aux honneurs, la liberté religieuse et les libertés civiles consacrées et hors d'attente, l'administration intérieure dégagée des entraves d'une centralisation excessive, la propriété foncière rendue à la vie et à l'indépendance, par la diminution des charges qui pèsent sur elle, l'agriculture, le commerce, l'industrie constamment encouragés, et au-dessus de tout cela une grande chose : l'honnêteté ! L'honnêteté qui n'est pas moins une obligation dans la vie publique que dans la vie privée ; l'honnêteté qui fait la valeur morale des Etats comme des particuliers. »

Mais il sait jeter un coup d'œil profond sur les causes de nos désastres et de nos révolutions : « Sachons reconnaître aussi que l'abandon des principes est la vraie cause de nos désastres. Une nation chrétienne ne peut pas impunément déchirer les pages séculaires de son histoire, rompre la chaîne de ses traditions, inscrire en tête de sa constitution la négation des droits de Dieu, bannir toute pensée religieuse de ses codes et de son enseignement public. Dans ces conditions, elle ne fera jamais qu'une halte dans le désordre ; elle oscillera perpétuellement entre le césarisme et l'anarchie, ces deux formes également honteuses des décadences païennes, et n'échappera pas au sort des peuples infidèles à leur mission. » (Lettre à un membre de l'Assemblée nationale, février 1871.)

Enfin, car il faut bien se borner, malgré le charme et l'entraînement de cette parole de prince chrétien, d'homme d'Etat et de gentilhomme, voici ce qu'il disait dans cet admirable manifeste de mai 1871, qui fit une éclaircie dans le ciel de la France et fit tomber sur sa tête une gerbe de rayons : « On dit que je prétends me faire décerner un pouvoir sans limites. Plût à Dieu qu'on n'eût pas accordé si légèrement ce pouvoir à ceux qui, dans les jours d'orage, se sont présentés sous le nom de sauveurs ! nous n'aurions pas la douleur de gémir aujourd'hui sur les maux de la patrie. Ce que je demande, vous le savez, c'est de travailler à la régénération du pays, c'est de donner l'essor à toutes ces aspirations légitimes ; c'est, à la tête de toute la Maison de France, de présider à ses destinées en soumettant avec confiance les actes du gouvernement au sérieux contrôle de représentants librement élus.

» On dit que la Monarchie traditionnelle est incompatible avec l'égalité de tous devant la loi. Répétez bien que je n'ignore pas à ce point les leçons de l'histoire et les conditions de la vie des peuples. Comment tolèrerais-je des privilèges pour d'autres, moi qui ne demande que celui de consacrer tous les instants de ma vie à la sécurité et au bonheur de la France et d'être toujours à la peine avant d'être avec elle à l'honneur !

» Croyez-le bien, je serai appelé, non-seulement parce que je suis le droit, mais parce que je suis l'ordre, parce que je suis la réforme, parce que je suis le fondé de pouvoirs nécessaires pour remettre en sa place ce qui n'y est pas et gouverner, avec la justice et les lois, dans le but de réparer les maux du passé et de préparer enfin un avenir.

» On se dira que j'ai la vieille épée de la France dans la main et dans la poitrine ce cœur de roi et de père qui n'a point de parti. Je ne suis point un parti et je ne veux pas revenir pour un parti. Je n'ai ni injures à venger, ni ennemi à écarter, ni fortune à refaire, sauf celle de la France, et je puis choisir partout les ouvriers qui voudront loyalement s'associer à ce grand ouvrage.

» Je ne ramène que la religion, la concorde et la paix, et je ne veux exercer de dictature que celle de la clémence, parce que dans mes mains, et dans mes mains seulement, la clémence est encore la justice.

» Voilà pourquoi je ne désespère pas de mon pays et pourquoi je ne désespère pas devant l'immensité de la tâche.

» La parole est à la France et l'heure à Dieu. »

La voilà, mes amis, cette royauté qui pourrait faire le bonheur de la France, si la France le voulait. Cette royauté nationale et chrétienne est une paternité dont le principe est divin, car toute paternité descend du ciel, vient de Dieu ; mais dont l'exercice, plein de tempérament et de bonté, ne s'impose pas par la violence, ne s'installe pas par un coup d'Etat, ne domine pas comme une dictature. Il faut donc que la France la veuille, en sente le besoin, qu'elle l'appelle. Il faut qu'elle soit désabusée des théories insensées de souveraineté du peuple, de démocratie césarienne, d'Empire, de République. Il faut qu'elle comprenne que depuis qu'elle a brisé follement, iniquement, l'antique alliance qu'elle avait contractée avec les Bourbons, elle n'a été qu'une proie pour les démagogues et les césariens. Il faut qu'elle revienne à l'antique famille de ses rois, antique comme ses origines, française comme son histoire, nouvelle et moderne comme ses besoins, comme ses mœurs, comme ses aspirations légitimes. Et, par une marque visible de la Providence du Christ, qui aime les Francs, malgré leurs apostasies, cette royauté toute prête à relever la France, à la restaurer, à la gouverner, cette royauté est représentée par l'homme le plus élevé d'esprit, le plus grand de cœur, le plus vraiment Français qui fut jamais.

V

Le Roi.

Parlons de lui. C'est un sujet attrayant et qui nous élèvera bien au-dessus des hommes qui, dans ce moment, occupent la scène et détiennent le pouvoir dans notre pauvre pays. C'est une réflexion naturelle et qui s'impose dès qu'on approche du comte de Chambord. Il se fait une comparaison qui jette l'esprit et le cœur dans l'étonnement et la tristesse. Pour l'antiquité de l'origine, pour la noblesse de la race, pour l'étendue de l'intelligence, pour la grandeur de l'âme, pour la délicatesse de sentiment, pour la loyauté du cœur, pour l'intégrité du caractère, pour le désintéressement, pour le courage et l'intrépidité, pour la constance et la fermeté de principes, pour l'amour et le dévouement à la patrie, comparez le comte de Chambord aux hommes, si ce sont des hommes auprès de lui, aux hommes qui gouvernent et déshonorent la France, à ceux qui prétendent l'exploiter à leur tour. De ces hommes, je n'ai rien à dire en ce moment ; la simple comparaison les écrase. La grâce royale, la sérénité majestueuse, la bonté souveraine qui rayonnent de l'âme et du visage du comte de Chambord, font mieux ressortir les laideurs, les difformités, les bassesses et les vices de ces hommes qui sont notre châtiment.

Rappelons donc, mes amis, en quelques mots, la vie si pure, si éprouvée et si noble de notre Roi.

Il naquit le 29 septembre 1820, le jour de fête de saint Michel-Archange, patron de la France. La Révolution, par la main de Louvel, avait assassiné le père, le duc de Berry, dans la nuit du 13 février précédent ; mais la main de Dieu garda l'enfant dans le sein de sa mère. Il vint au monde le jour de la fête de cet archange qui le premier vainquit dans le ciel le père du mensonge et de la Révolution. A la naissance du duc de Bordeaux, ce fut une ivresse générale. La joie de la famille de Bourbon se répandit dans tout Paris en enthousiasme, dans toute la France en allégresse, dans toute l'Europe, émue elle-même, en promesses de paix et de sécurité. Les poètes l'appelèrent l'*enfant du miracle* ; les rois l'appelèrent l'*enfant de l'Europe*. « Il est né, l'enfant du miracle, — l'héritier du sang d'un martyr, » chantait Lamartine. — « O joie, ô triomphe, ô mystère. — Il est né l'enfant glorieux, — l'ange que promit à la terre — un martyr partant pour les cieux, » répondait Victor Hugo. Tous les hommages du génie et de la puissance, de la reconnaissance et de l'amour se rencontrèrent sur ce berceau.

L'enfance du duc de Bordeaux fut l'enfance d'un prince prédestiné : d'une intelligence ouverte, d'un cœur noble et compatissant, d'un caractère plein de saillies et d'amabilités, vrai prince français par ses instincts de bravoure et de générosité, par ses délicatesses d'honneur et de sentiment. La Révolution avait voulu détruire la race des Bourbons dans le sang du duc de Berry ; la Révolution, organisée par les sociétés secrètes, par l'alliance monstrueuse des bonapartistes et des libéraux, renversa les Bourbons avec le trône de Charles X. Malgré ses quinze années de paix honorables, de finances prospères, de liberté féconde, malgré la magnifique explosion de poésie, d'art, d'éloquence, de littérature et de philosophie, dans ce printemps monarchique ; malgré la conquête d'Alger faite bravement en dépit de l'Angleterre et qui fut le dernier legs de la royauté nationale à notre malheureux pays, les sectaires implacables contre les Bourbons trop populaires, trop aimés, trop religieux, déchaînèrent la Révolution qui fit du duc de Bordeaux un proscrit de dix ans. Charles X tomba dignement du trône. Il avait abdiqué en faveur de son petit-fils Henri V ; mais la Révolution ne voulait ni du vieux Roi ni du jeune prince. Elle ne voulait plus des Bourbons de la branche aînée. Toutefois, en remettant à sa tante, la duchesse d'Angoulême, ce bel enfant à tête blonde, qu'un des commissaires du gouvernement provisoire défendait contre les fureurs de la foule ameutée, la

France, égarée, mais effrayée de l'avenir, disait par la bouche d'Odilon Barrot : « Madame, gardez pieusement cet enfant, car la France sera peut-être bien heureuse de le retrouver un jour. »

Le vieux roi sortit de son royaume que lui arrachait la Révolution, escorté de regrets, de larmes et de respect. Le duc de Bordeaux, que son aïeul avait montré à ses troupes fidèles et proclamé sous le nom de Henri V, ce nom prédestiné, accompagna Charles X. Les augustes exilés passèrent en Angleterre et vinrent habiter Holy-Rood, en Ecosse, ce palais de Marie Stuart tout plein du souvenir mélancolique de cette belle princesse de Lorraine, si française et si malheureuse. C'est là que Henri de France fit sa première communion avec une angélique piété. Mais dans ce jour, le royal commensal du Roi des cieux pensait à la France. — Si mes prières sont exaucées, dit-il, Dieu bénira la France. — Du reste, la France, *la douce France*, comme on disait au moyen-âge, était le sujet de tous les entretiens de Henri avec la princesse Louise, son aimable sœur. C'est à la France que ces deux enfants, ces deux exilés, blottis comme des oiseaux des climats tempérés, frissonnant sous les brumes de l'Ecosse, dans les ruines du palais de Marie Stuart, c'est à la France qu'ils envoyaient leurs vœux, leurs prières et leurs aumônes.

L'éducation du jeune prince se continua à Holy-Rood, mais il n'y resta que deux ans. Les jalousies de l'Angleterre, excitée par le nouveau gouvernement que la Révolution avait imposé à la France, fit sentir aux exilés qu'ils étaient gênants. La famille royale se retira en Autriche, où l'ancien palais des rois de Bohême, à Prague, lui fut donné pour habitation par l'empereur d'Autriche. C'est là que l'éducation de Henri de France prit ces développements merveilleux qui faisaient l'admiration de tous les Français qui venaient honorer les exilés et reconnaître le droit banni. Le royal enfant fut confié aux soins du général Latour-Maubourg, de Frayssinous, évêque d'Hermopolis, de Cauchy, d'Emile Lefranc, du colonel Monnier, du comte de Montbel, enfin, de l'abbé Trébuquet, son aumônier: rare assemblage d'hommes supérieurs pour élever un fils de France qui dépassa toutes les espérances et devint un prince accompli. Pendant son éducation, cette jeune vie fut pleine de traits charmants, de saillies vraiment françaises, d'amabilités ravissantes qu'il faut lire dans les biographies du duc de Bordeaux, pour bien comprendre les dons, les qualités, les vertus, l'étonnante variété de connaissances, la vaste intelligence et le noble cœur de ce prince prédestiné. Châteaubriand, un jour, venait visiter le vieux roi Charles X dans le vieux palais des anciens rois de Bohême, interrogeait en se jouant le noble enfant, et restait émerveillé des prodiges de connaissances rangés dans cette jeune et fraîche mémoire.

Le 29 septembre 1834, le duc de Bordeaux atteignait sa majorité fixée par les antiques rois du royaume à 14 ans pour les rois de France. Il prit à cette date le nom de comte de Chambord, le nom de ce château de François Ier, chef-d'œuvre de la renaissance, que la France avait donné à l'héritier de ses rois. C'est sous ce nom qu'il est désormais connu. Après trois ans et quelques mois de séjour à Prague, Charles X vint se fixer à Goritz, en Illyrie, à quelques kilomètres de Trieste. C'est là que le vieux Roi mourut comme un saint, en pardonnant et en bénissant, le 6 novembre 1836.

« Pendant les deux années qui suivirent la mort de son grand'père, le comte de Chambord poursuivit ses études avec une assiduité, une application couronnées du plus grand succès. L'évêque d'Hermopolis pouvait répondre sans exagération, à quelques personnes qui l'interrogeaient sur son élève : « Voyez et jugez. Il a une intelligence à la hauteur de toutes les prospérités et une âme au niveau de toutes les épreuves. »

» Pour compléter son éducation, le jeune prince fit de nombreux voyages ; il parcourut l'Autriche, la Hongrie, une partie de l'Allemagne, la Lombardie, les Etats Romains, le royaume de Naples, visitant les champs de bataille, les arsenaux, les ports, les établissements militaires, les musées, les fabriques, les mines, interrogeant les personnes instruites, et se faisant partout estimer, admirer et aimer. Après son premier voyage, l'impératrice d'Autriche disait en parlant du jeune prince : « Ah ! si la France le connaissait ! » (Histoire du comte de Chambord, par un homme d'Etat, 75.) Dans ses voyages en Italie, à Rome, dans les provinces de l'Autriche, à Venise, il s'instruit, il observe, il interroge, il étonne, charme et ravit tous ceux qui le voient, tous ceux qui l'approchent. Ses ennemis eux-mêmes étaient forcés de dire comme cet ambassadeur de Louis-Philippe (M. de Flahaut), deux choses frappent en lui : un air de grandeur et de prédestination. — Et comme le vieux sculpteur Bartholini, républicain : — J'ai eu l'honneur de recevoir Monseigneur le duc de Bordeaux. Je regrette de n'être plus assez jeune pour faire son buste de souvenir, ce serait le roi des princes. » Le 28 juillet 1841, à Kirchberg, sa résidence d'été, une chute de cheval lui brisa la cuisse. Il supporta les horribles douleurs qu'il dut endurer avec une patience héroïque. — Dieu soit béni ! écrivait-il le lendemain à son précepteur, Mgr Frayssinous, j'ai beaucoup souffert, je souffre encore beaucoup, mais Notre-Seigneur a souffert plus que moi. Le prince guérit complétement et comme miraculeusement. L'année d'après, presque jour pour jour, il apprit la mort du duc d'Orléans, tué raide d'une chute de voiture sur le *chemin de la Révolte*. Bien loin de se réjouir de la mort du fils de celui qui l'avait détrôné, le noble chrétien pria et fit prier pour lui.

Dans l'automne de 1843, le comte de Chambord vint à Londres où la France royaliste lui envoyait Chateaubriand, Berryer, pour le saluer avec l'élite de sa noblesse, de ses paysans et de ses ouvriers. Ce fut une révélation pour la France, que la présence rayonnante du prince au-delà du détroit. — « Le voilà, dit un témoin oculaire : Toutes les têtes se découvrent, et vous voyez s'avancer un jeune homme si beau, le front tellement rayonnant du sceau de la prédestination, que vous ne pouvez vous empêcher de dire : Voilà le petit-fils de saint Louis ! » — Ce fut pour tous les Français, et même pour les Anglais, un enthousiasme d'admiration et d'amour. — « Plus heureux que moi, disait Henri de France à Chateaubriand sur le point de quitter l'Angleterre, plus heureux que moi, vous allez revoir notre chère patrie; dites à la France tout ce qu'il y a dans mon cœur d'amour pour elle. J'aime à prendre pour mon interprète cette voix si chère à la France et qui a si glorieusement défendu, dans tous les temps, les principes monarchiques et les libertés nationales. » Et le grand écrivain répondait au petit-fils de Louis XIV : — « Je salue, avec des larmes de joie, l'avenir que vous annoncez. Vous- me dites que plus heureux que vous, je vais revoir la France : Plus heureux que vous ! C'est le seul reproche que vous trouviez à adresser à notre patrie. Non, prince, je ne puis jamais être heureux tant que le bonheur vous manque. J'ai peu de temps à vivre et c'est ma consolation. J'ose vous demander, après moi, un souvenir pour votre vieux serviteur. »

Cette entrevue du comte de Chambord avec tout ce que la France comptait de glorieux et de pur émut le pays tout entier, et provoqua de la part du gouvernement de Louis-Philippe un mouvement de dépit et de colère, qui loin de *flétrir* les hommes illustres et courageux qui étaient venus saluer en M. le comte de Chambord l'espoir de la patrie, ne *flétrit* que l'intolérance jalouse du gouvernement usurpateur. La mort du duc d'Angoulême, qui fut toujours un modeste héros d'abnégation et de courage et qui mourut comme un saint, constitua le comte de Chambord chef de la maison de Bourbon. Il quitta Goritz attristé par tant de deuils et qui resta le St-Denis de l'exil. Il vint s'établir à Frohsdorf, à quinze heures de Vienne. L'année suivante il épousa Marie-Thérèse d'Este, archiduchesse d'Autriche, sœur du duc de Modène, pieuse princesse qui s'est tout entière dévouée au prince dont elle est fière de porter le nom ; tout entière donnée aux pauvres, le seul héritage qu'elle convoite des reines de France. Les deux époux sanctifièrent leur mariage par d'abondantes aumônes qui affluèrent jusqu'aux pauvres de Paris.

C'est désormais à Frohsdorf que les voyageurs, les visiteurs, les pèlerins de la royauté viendront saluer en M. le comte de Chambord la noble et vraiment providentielle incarnation de la royauté française. C'est là que tous, amis et curieux, adversaires et partisans, viendront subir le charme d'une grande âme, la fascination du regard, de la parole, de la beauté, de la grâce et de la loyauté française. Les adversaires s'en retournent enthousiasmés, et disent comme Ch. Didier, un républicain, mais qui a gardé son bon sens et sa droiture : — « Tout en lui décèle une grande droiture de cœur et d'esprit, un vif sentiment du devoir et de la justice, uni à l'amour du bien... Son œil, d'un bleu limpide et à la fois vif et doux, écoute bien, interroge beaucoup. Il regarde si droit et si fixe, que je considère comme impossible de lui mentir en face. Quant à lui, il suffit de le voir pour demeurer convaincu de sa véracité. » Les amis et les partisans s'écrient comme le vieux Chateaubriand venant une dernière fois à Venise (en 1846) saluer son noble prince, rayonnant de jeunesse et d'espérance : — « Quel prince et quel homme ! Il est trop capable pour rester en chemin... Dieu semble l'avoir taillé pour la royauté ; mais il est bien décidé à ne jamais devenir une difficulté pour sa patrie : il a l'héroïsme de la patience. »

La Révolution de 1848 vint encore une fois bouleverser la France, renverser le trône de Louis-Philippe et le jeter en exil avec sa famille. Le comte de Chambord ne triompha pas de ce coup de la justice de Dieu : Il compatit à ces infortunes méritées, qui, du reste, éclairèrent à son lit de mort le vieux roi de Juillet et ramenèrent au noble chef de leur maison les nobles repentants de la famille d'Orléans. Mais le comte de Chambord avertit la France que lui seul, avec son principe de droit national et de stabilité héréditaire, pouvait lui rendre l'ordre et la paix. — « Français, leur disait-il, avant tout je n'ai jamais souffert, je ne souffrirai jamais que mon nom soit prononcé lorsqu'il ne pourrait être qu'une cause de division et de trouble. Mais si les espérances du pays sont encore une fois trompées, si la France, lasse enfin de toutes les expériences qui n'aboutissent qu'à la tenir perpétuellement suspendue sur un abîme, tourne vers moi ses regards, et prononce mon nom, elle-même, comme un gage de sécurité et de salut, comme la garantie véritable des droits et de la liberté de tous, qu'elle se souvienne alors que mon bras, que mon cœur, que ma vie, que tout est à elle et qu'elle peut toujours compter sur moi.»

Les affreuses journées de juin vinrent déchirer le cœur si français de notre prince. Pour restaurer la France, ébranlée, sanglante et divisée, le comte de Chambord tentait de réunir en un seul faisceau toutes les forces qui pouvaient résister à la tempête dont le monde social et politique était si fortement ébranlé. Il appelait tous les princes de sa maison autour de lui, tous les Français sous ses ordres, dans d'admirables lettres au duc de Noaille (août et octobre 1848). Puis à Ems et à Wiesbaden, il se rapprochait de la France. Aussitôt de tous les points de la France, de toutes les classes de la société, des Français, des gentilshommes, des ouvriers, des négociants, des paysans, venaient le saluer, l'acclamer, et comme l'entraîner à régner sur la France. Il y eut des scènes émouvantes où les cœurs et les larmes se mêlèrent. Voici ce que racontait un ouvrier de Paris au retour de Wiesbaden :

« On nous fit monter dans un salon au premier ; nous nous rangeâmes autour de cette vaste pièce. A peine avions-nous pris place que le prince entra. Ce fut un beau moment. Quelle figure ! quels yeux ! mais surtout quelle bonté ! Il vint rapidement se placer au milieu de la salle. — Soyez les bienvenus, mes amis, — nous dit-il, — approchez-vous de moi. — Nous nous approchâmes, mais le respect nous tenait à quelque distance encore. — Plus près, s'écria-t-il, plus près encore, je veux me sentir serré par des Français. — Nous l'entourâmes cette fois de si près, que nous ne lui laissions que la place de son corps. Ses mains vigoureuses serraient nos mains, ses yeux pleins de tendresse étaient attachés sur nous ; il nous remercia d'être venus de si loin. Nous ne pouvions parler, les larmes nous suffoquaient. Le voilà donc ce prince que les plus âgés de nous se souvenaient d'avoir vu, dans leur enfance, emporté par une rapide voiture, des Tuileries à Bagatelle ; le voilà, l'enfant aux yeux bleus et à la tête blonde, déjà exilé avant que les plus jeunes de nous ne fussent nés. C'est un homme, aujourd'hui, plein de vigueur, de jeunesse, de beauté, qui parle de la France comme s'il ne l'avait jamais quittée, qui reçoit tous les Français comme des amis. Dès qu'il vous parle, on se sent le cœur remué ; quand il tient votre main, on est plus à soi, on est à lui.»

Un nouveau deuil vint attrister le comte de Chambord. Sa tante, la duchesse d'Angoulême, la fille de Louis XVI et de Marie-Antoinette, mourut le 17 octobre 1851. Avec la magnanimité de sa race, cette vigoureuse chrétienne, cette martyre subsistante de la Révolution, mourut en jetant un regard vers la France, en exprimant le désir de reposer dans la terre de France, de cette France qui, cependant, l'avait tant fait souffrir. Puis arriva le coup d'Etat du 2 Décembre 1851. La France, qui n'avait pas écouté les solennels avertissements du comte de Chambord, et n'avait pas su reconnaître le vrai sauveur dans le père et dans le roi, France se laissa prendre et violenter par un sectaire ambitieux. Elle subit et bientôt elle amnistia, par des millions de suffrages, cette dictature qui venait de s'imposer par un parjure et par la dispersion violente de la représentation nationale.

Encore un gouvernement de révolution qui venait tyranniser et dépraver la France. « L'historien observateur doit remarquer que, depuis la Révolution de 1791, tous les gouvernements qui ont remplacé la monarchie légitime : la première République, le premier Empire, la Monarchie de juillet, la République de 1848, le deuxième Empire, la République du 4 Septembre 1870, ont eu la même origine ; d'abord ils se sont eux-mêmes emparés du pouvoir, ensuite ils ont fait accepter leur avénement. Ajoutons une seconde observation historique, c'est que chacun de nos gouvernements, depuis Louis XVI, n'a eu qu'une durée médiocre ; la première République avec ses diverses formes, de 1792 à 1801 ; le premier empire de 1801 à 1814 ; la Restauration, quoiqu'elle n'eût pas été le résultat du procédé dont nous venons de parler, mais d'un accord entre l'Europe et la France, de 1814 à 1830 ; la Monarchie de Juillet, de 1830 à 1848 ; la deuxième République, de 1848 à 1851 ; l'Empire, de 1851 ou 52 à 1870. Quant à la République de 1871, qui, après deux ans d'existence, n'a pas abouti faute *d'une voix* à la Monarchie, mais au Septennat Mac-Mahonien, elle n'a repris son caractère républicain que depuis la présidence de M. Grévy : elle ne subsiste donc en réalité que depuis quelques années. » (Hist. du comte de Chambord, par un homme d'Etat, ch. 12).

Le comte de Chambord protesta par un admirable manifeste (octobre 1852) contre ce gouvernement d'aventure ; il protesta au nom de son droit outragé, pour le bonheur de la France. Il nous disait : « Quels que soient sur vous ou sur moi les desseins de Dieu, resté chef de l'antique race de nos rois, héritier de cette longue suite de monarques, qui, durant tant de siècles, ont incessamment accru et fait respecter la puissance et la fortune de la France, je me dois à moi-même, je dois à ma famille et à ma patrie, de protester hautement contre des combinaisons mensongères et pleines de dangers. Je maintiens donc mon droit, qui est le plus sûr garant des vôtres, et, prenant Dieu à témoin, je déclare à la France et au monde que, fidèle aux lois du royaume et aux traditions de mes aïeux, je conserverai religieusement, jusqu'à mon dernier soupir, le dépôt de la Monarchie héréditaire, dont la Providence m'a confié la garde, et qui est l'unique port de salut où, après tant d'orages, cette France, objet de tout mon amour, pourra retrouver enfin le repos et le bonheur. »

Pendant la période de l'Empire, le comte de Chambord fut discret, calme, attentif. Il observa les événements, qui ne le trompèrent pas. Il se réjouit de la vaillance de nos soldats en Crimée ; il jugea la politique révolutionnaire de l'Empire, lorsque Napoléon III commença contre le pouvoir temporel du Pape sa guerre hypocrite et déloyale : guerre de sectaire, que les antécédents de Louis-Napoléon, sa part à l'insurrection de 1834 contre Grégoire XVI, son affiliation aux sociétés secrètes d'Italie, dont les bombes d'Orsini vinrent lui signifier les tyranniques décrets, avait suffisamment préparée. Le comte de Chambord éleva la voix avec tout ce que la France comptait de sages politiques et de généreux défenseurs de l'Eglise, avec

Guizot et Villemain, avec Thiers et Montalembert, pour défendre le pouvoir temporel du Pape. — « Quelle possession plus antique, disait-il dans une lettre admirable à M. Villemain, plus légitime, plus digne, par sa faiblesse même, de tous les respects, plus souvent garantie par les traités, plus universellement proclamée nécessaire au respect du monde, que le domaine temporel de la papauté ? Comment ne pas reconnaître, dans cette œuvre des siècles, une disposition de la Providence qui a voulu assurer par là au chef de l'Eglise, source principale et centre vénéré de la civilisation chrétienne, l'indépendance spirituelle dont il a besoin pour remplir sa sainte et salutaire mission ? Qui ne comprend qu'annuler un droit si sacré, c'est annuler tous les droits ; que dépouiller le souverain dans la personne du successeur de saint Pierre, c'est menacer tous les souverains, et que renverser son trône dix fois séculaire, c'est saper le fondement de tous les trônes ? Il est triste de voir la France servir ainsi d'instrument contre sa conscience, son cœur, ses traditions, tous ses intérêts, à des entreprises qui ne peuvent aboutir qu'à de nouveaux bouleversements. »

Les événements qui suivirent la guerre d'Italie, glorieuse pour nos soldats, funeste pour la France, démontrèrent l'odieuse hypocrisie du gouvernement impérial, puisqu'elle aboutit, malgré des promesses officielles, au détrônement du Pape et des princes légitimes d'Italie. Mais le dévouement de Lamoricière et de Pimodan, l'héroïsme des zouaves pontificaux, relevèrent un peu la France, et trouvèrent dans le cœur du comte de Chambord les jugements, les prévisions, les tristesses et les applaudissements dignes d'un cœur de prince français et chrétien.

Enfin les grands événements pressentis par la haute intelligence du comte de Chambord éclatèrent sur la France en 1870. Cette guerre désastreuse, que la folle politique de l'Empire avait préparée, déchaînée, en sacrifiant le sang de la France pour l'unité révolutionnaire de l'Italie, en favorisant contre l'Autriche l'unité allemande de la Prusse, en provoquant notre ennemi séculaire sans raison, sans préparatifs suffisants et sans alliances ; cette guerre affligea profondément le cœur magnanime et français de notre prince. Il mit son château de Chambord au service des blessés.Il écrivait, en septembre 1870, à l'un de ses amis : « Au milieu de toutes ces poignantes émotions, c'est une grande consolation de voir que l'esprit public, l'esprit de patriotisme ne se laisse pas abattre et grandit avec nos malheurs. Je suis heureux que nos amis aient si bien compris leurs devoirs de citoyens et de Français. Oui, avant tout, il faut repousser l'invasion, sauver à tout prix l'honneur de la France, l'intégrité de son territoire. Il faut oublier en ce moment tout dissentiment, mettre de côté toute arrière-pensée. Nous devons au salut de notre pays toute notre énergie, notre fortune, notre sang. La vraie mère préférerait abandonner son enfant plutôt que de le voir périr. J'éprouve ce même sentiment et je dis sans cesse : « Mon Dieu, sauvez la France, dussé-je mourir sans la revoir. »

Puis, l'Empire tombé dans nos désastres, quelques mois après un plébiscite triomphant que le suffrage universel avait voté, mais que la France n'avait pas ratifié, le comte de Chambord, dans un manifeste du 9 octobre 1870, montrait à la France le salut, le relèvement et la paix. La France ne l'écouta pas : la guerre fut continuée, poursuivie follement, par une ambition

parricide, plutôt que par un patriotisme désespéré.
Paris fut assiégé, bombardé. A cette nouvelle, le cœur
royal du comte de Chambord s'émut : il protesta solennellement contre ce bombardement, en paroles vive-
ment attendries : « Il m'est impossible de me con-
traindre plus longtemps au silence. Le bombardement
de Paris arrache à ma douleur un cri que je ne saurais
contenir. Fils des rois chrétiens qui ont fait la France,
je gémis de ses désastres. Condamné à ne pouvoir les
racheter au prix de ma vie, je prends à témoin les
peuples et les rois, et je proteste, comme je le puis,
contre la guerre la plus sanglante et la plus lamen-
table qui fut jamais. Qui parlera au monde, si ce n'est
moi, pour la ville de Clovis, de Clotilde et de Gene-
viève, pour la ville de Charlemagne et de saint Louis,
de Philippe-Auguste et de Henri IV, pour la ville des
sciences, des arts et de la civilisation? Non ! je ne verrai
pas périr la grande cité que chacun de mes aïeux a pu
appeler *ma bonne ville de Paris*. Et puisque je ne puis
rien de plus, ma voix s'élèvera de l'exil pour protester
contre la ruine de ma patrie ; elle criera à la terre et
au ciel, assurée de rencontrer la sympathie des hommes, en attendant tout de la justice de Dieu. »

L'Assemblée nationale nommée en février 1871, pour
faire la paix, délivrer la France de la République et
constituer un gouvernement définitif, n'osa pas, ne sut
pas, ou ne voulut pas remplir toute la mission que la
Providence semblait lui confier. La majorité monarchique, sans guide et sans cohésion, se laissa diviser,
tromper par M. Thiers : ce révolutionnaire incorrigible,
homme d'Etat présomptueux, habile, sans croyance et
sans scrupule, pour gouverner la France, la voulut
maintenir en République. Il fut remplacé par le maré-

chal de Mac-Mahon, qui ne comprit pas mieux que notre pauvre pays, désemparé, ne pouvait trouver de paix et de sécurité que dans la Monarchie légitime. La France, on le sentait, se retournait instinctivement vers son Roi. Elle avait reconnu dans ses manifestes éclatants et dans ses lettres retentissantes de foi, de patriotisme et de loyauté, la parole, le cœur et la mission providentielle de son Roi.

De Chambord, où Henri de France, après l'abrogation des lois d'exil, était venu respirer quelques moments l'air de la patrie ; il disait : « La France sait que je lui appartiens. Je ne puis oublier que le droit monarchique est le patrimoine de la nation, ni décliner les devoirs qu'il m'impose envers elle. Ces devoirs, je les remplirai, croyez-en ma parole d'honnête homme et de Roi. Dieu aidant, nous fonderons ensemble et quand vous le voudrez, sur les larges assises de la décentralisation administrative et des franchises locales, un gouvernement conforme aux besoins réels du pays. Nous donnerons pour garanties à ces libertés publiques, auxquelles tout peuple chrétien a droit, le suffrage universel honnêtement pratiqué et le contrôle des deux chambres, et nous reprendrons, en lui restituant son caractère véritable, le mouvement national de la fin du dernier siècle.

» Une minorité révoltée contre les vœux du pays, en a fait le point de départ d'une période de démoralisation par le mensonge et de désorganisation par la violence. Ces criminels attentats ont imposé la révolution à une nation qui ne demandait que des réformes et l'ont dès-lors poussée vers l'abîme où hier elle eût péri sans l'héroïque effort de notre armée. Ce sont les classes laborieuses, ces ouvriers des champs et des villes, dont le sort a fait l'objet de mes plus vives préoccupations et de mes plus chères études, qui ont le plus souffert de ce désordre social. Mais la France, cruellement désabusée par des désastres sans exemple, comprendra qu'on ne revient pas à la vérité en changeant d'erreur ; qu'on n'échappe pas par des expédients à des nécessités éternelles. Elle m'appellera et je viendrai à elle tout entier, avec mon dévouement, mon principe et mon drapeau. » (Chambord, 5 juillet 1871.)

Le comte de Chambord ne cessa pas d'avertir son pays qu'en dehors du principe national de l'hérédité monarchique, la France ne pouvait fonder un gouvernement stable, réparer ses désastres, réconcilier les diverses classes de la société, trouver la paix dans le présent et la sécurité dans l'avenir. Il s'efforça de dissiper les préventions, de réfuter les calomnies que les partis de révolution, que les coteries de libéraux et de constitutionnels répandaient sur ses intentions, ses vues et son programme. La parole loyale, vibrante, ferme, claire, pénétrante du Roi devait éclairer tous les esprits droits et persuader tous les cœurs sincères. Le comte de Paris était venu, le 4 août 1873, porter à Frosdhorf la soumission et la reconnaissance de la branche d'Orléans. La famille de Bourbon était unie. Quelle magnifique perspective pour le bonheur de la France !

La Révolution ne permit pas une restauration qui semblait imminente, que tous acceptaient ou subissaient comme une nécessité patriotique. Pendant que des représentants autorisés négociaient avec le comte de Chambord la reconnaissance par l'Assemblée nationale du droit héréditaire et de la Monarchie légitime, une coterie d'intrigants et d'ambitieux voulut imposer des conditions au Roi. Elle voulut surtout lui imposer le drapeau tricolore, afin de limiter son droit et de l'asservir. Le comte de Chambord, avant tout loyal et franc, dut protester qu'il ne subirait pas de conditions et qu'il n'abaisserait point son drapeau avant de rentrer comme Roi légitime et reconnu. Mais il promettait que, lorsqu'il se trouverait en face de la nation et de ses représentants légitimes, la question du drapeau obtiendrait une solution compatible avec son honneur, et de nature à satisfaire l'Assemblée et la nation, et que la Monarchie reconnue donnerait et accepterait des garanties. Ce fut le signal ou le prétexte pour séparer la France de son Roi qu'elle attendait, qu'elle désirait, qu'elle était prête à recevoir, même avec son drapeau si calomnié par les partis.

« La majorité de l'Assemblée nationale n'ayant pu se mettre d'accord pour rétablir la royauté, solution définitive qu'elle devait à la France, eut encore recours à un expédient. Elle vota, le 20 novembre 1873, une loi qui prorogeait pendant sept ans, c'est-à-dire jusqu'au 20 novembre 1880, les pouvoirs du maréchal de Mac-Mahon : c'est ce qu'on appelle le Septennat. Puis, engagée dans cette fausse voie, elle résolut de créer avec une constitution et des institutions moitié républicaines, moitié monarchiques, modifiables en 1881, un gouvernement hybride, stérile pour le bien, incapable de refréner les passions révolutionnaires. Avant que cette œuvre dangereuse fût accomplie; le Roi adressa un avertissement à la France pour l'éclairer sur les périls auxquels elle s'exposait et se laver des reproches que certains lui faisaient d'être cause du non-rétablissement de la monarchie. » (*Hist. du comte de Chambord*, par un homme d'Etat, chap. XIV).

Manifeste du 2 juillet 1874 : « Français, vous avez demandé le salut de notre patrie à des solutions temporaires, et vous semblez à la veille de vous jeter dans de nouveaux hasards.

» Chacune des révolutions survenues depuis quatre-vingts ans a été une démonstration éclatante du tempéramment monarchique du pays.

» La France a besoin de la royauté. Ma naissance m'a fait votre Roi· Je manquerais au plus sacré de mes devoirs si, à ce moment solennel, je ne tentais un suprême effort pour renverser la barrière de préjugés qui me sépare encore de vous.

» Je connais toutes les accusations portées contre ma politique, contre mon attitude, mes paroles et mes actes.

» Il n'est pas jusqu'à mon silence qui ne serve de prétexte à d'incessantes récriminations. Si je l'ai gardé depuis de longs mois, c'est que je ne voulais pas rendre plus difficile la mission de l'illustre soldat dont l'épée vous protège. Mais aujourd'hui, en présence de tant d'erreurs accumulées, de tant de mensonges répandus, de tant d'honnêtes gens trompés, le silence n'est plus permis. L'honneur m'impose une énergique protestation.

, » En déclarant au mois d'octobre dernier, que j'étais prêt à renouer avec vous la chaîne de nos destinées, à relever l'édifice ébranlé de notre grandeur nationale, avec le concours de tous les dévouements sincères, sans distinction de rang, d'origine ou de parti ; en affirmant que je ne rétractais rien des déclarations sans cesse renouvelées depuis un an, dans les documents officiels et privés qui sont dans toutes les mains, je comptais sur l'intelligence proverbiale de notre race et sur la clarté de notre langue.

» On a feint de comprendre que je plaçais le pouvoir

royal au-dessus des lois et que je rêvais je ne sais quelles combinaisons gouvernementales, basées sur l'arbitraire et l'absolu.

» Non, la Monarchie chrétienne et française est dans son essence même une Monarchie tempérée, qui n'a rien à emprunter à ces gouvernements d'aventure qui promettent l'âge d'or et conduisent aux abîmes.

» Cette Monarchie tempérée comporte l'existence de deux Chambres, dont l'une est nommée par le souverain, dans des catégories déterminées, et l'autre par la nation, selon le mode de suffrage réglé par la loi.

» Où trouver ici la place de l'arbitraire ? Le jour où vous et moi nous pourrons, face à face, traiter ensemble des intérêts de la France, vous apprendrez comment l'union du peuple et du Roi a permis à la Monarchie française de déjouer, pendant tant de siècles, les calculs de ceux qui ne luttent contre le Roi que pour dominer le peuple.

» Français, je suis prêt aujourd'hui comme je l'étais hier.

» La Maison de France est sincèrement et loyalement réconciliée. Ralliez-vous, confiants, derrière elle.

» Trêve à nos divisions pour ne songer qu'aux maux de la patrie ! N'a-t-elle pas assez souffert ? N'est-il pas temps de lui rendre, avec la royauté séculaire, la prospérité, la sécurité, la dignité, la grandeur, et tout ce cortège de libertés fécondes que vous n'obtiendrez jamais sans elle ?

» L'œuvre est laborieuse ; mais, Dieu aidant, nous pouvons l'accomplir. Que chacun, dans sa conscience, pèse les responsabilités du présent et songe aux sévérités de l'histoire. »

Voilà le Roi, mes amis : est-il assez grand, assez

noble, assez français ? Il ne veut point se courber pour entrer dans son royaume ; il ne veut pas se diminuer pour se faire accepter ; il ne veut pas abdiquer entre les mains d'une coterie, pour régner sans gouverner. Il veut être Roi, non absolu, mais complet. Il veut être Roi en vertu du principe qu'il représente, non par l'intrigue d'ambitieux qui le domineraient. Il veut être Roi légitime, national et chrétien, pour avoir toute sa force, déployer toute son énergie, porter toute sa responsabilité devant Dieu ; pour relever, restaurer et gouverner la France. Voilà le Roi ! Quel prince plus loyal, plus intelligent et plus dévoué ! Quel Roi, quel prince, quel chef, quel père pour la France, pour la pauvre France, livrée aux vils sectaires, aux ambitieux démagogues, exposée aux utopistes destructeurs, aux carnassiers de la plèbe qui la menacent ! Déjà les périls extrêmes de persécution religieuse, de bouleversement social, de guerre civile, prédits, prévus, annoncés par la haute intelligence du comte de Chambord, nous pressent ; déjà nous allons glisser, sombrer dans l'abîme de la démagogie ; lui seul, mes amis, lui seul peut nous sauver, seul il en est capable, seul il en est digne : par son principe, par son âme et par son cœur.

Voilà le Roi : voici l'homme, tel que l'a jugé, l'a dépeint un homme intelligent, un républicain, un Suisse, un homme déjà célèbre par des livres pleins de verve et de style qui lui ont mérité la haine de la Prusse et la sympathie de la France. Il raconte ainsi une visite qu'il a faite au comte de Chambord en 1878 : « Une porte à deux battants s'ouvrit et je me trouvai en face de M. le comte de Chambord. J'entrai et la porte se referma sur moi.

Monseigneur sait, dis-je au duc de Bordeaux, que je

suis républicain de naissance ; mais, si je ne peux saluer un roi, je salue un homme.

J'aime beaucoup votre pays, la Suisse, me répondit-il avec une grâce charmante ; j'y ai conservé d'excellents amis.

Il m'invita à m'asseoir, mais je continuai de le regarder, je n'en pouvais croire mes yeux : cet homme à la figure si sympathique, si ouverte et si souriante, au beau front, aux regards si doux et si profonds, c'était donc là ce comte de Chambord que les journaux m'avaient dépeint sous les traits grotesques d'une espèce de Bouddha de la légitimité ! Les yeux surtout me frappèrent. La beauté et la franchise du regard ne se peuvent dire. C'est un regard arrêté, fixe, qui a mesuré le but, qui sait où il est, et que rien ne peut détourner de la droite ligne. Avec ces yeux là, on ne voit qu'en plein soleil. Quel beau regard d'honnête homme !

Le duc de Bordeaux porte la barbe entière, taillée à la Henri IV, son aïeul, à qui il ressemble par plus d'un côté. Son nez a de la race ; sa voix est une musique et l'esprit gaulois pétille sur ses lèvres, que les abeilles de France ont nourries de leur miel. Il est de taille moyenne, un peu gros, plein de vigueur et de santé.

Nous causâmes près de vingt minutes. Le comte de Chambord est au courant de tout, il sait tout ; il connaît le livre qui a paru aussi bien que celui qui va paraître ; il sait les succès du Salon qui vient de s'ouvrir et la pièce que Paris a applaudi la veille. Ses vieux auteurs préférés sont Montaigne, Molière, Mme de Sévigné, qui semble lui avoir ligué le secret de son style inimitable ; car ce fils de roi est un écrivain du grand siècle dans ce siècle si petit. Ses lettres resteront comme des modèles de forme et de pensée.

La question sociale est, depuis vingt ans, l'objet constant de ses méditations et de ses études ; il croit que cette grave question est le problème énorme qu'aura à résoudre un prochain avenir. Les questions militaires ne lui sont pas non plus étrangères ; il aime le soldat, car il a l'esprit chevaleresque. « Quel bonheur, disait-il un jour devant M. de la Rochefoucauld, qui l'accompagnait à cheval, quel bonheur, si la guerre venait indispensable, de faire une charge à la tête d'un régiment français ! » Il vous parle de l'armée allemande avec l'expérience d'un vieux général prussien.

L'exil est une rude école ; les courtisans n'en franchissent guère la porte. « Les années d'exil, disait le comte de Chambord à un de ses serviteurs, sont comme les années de campagne, elles comptent double. Oui, l'exil m'a été favorable : en France, j'aurais été élevé comme un prince, c'est-à-dire je n'aurais vu que de loin les misères et les souffrances du peuple, et l'on sait que la perspective rapetisse les objets. Grâce à l'exil, j'ai vu de près, j'ai éprouvé moi-même le malheur, l'injustice, l'abus de la force, toutes les choses qu'il est nécessaire de connaître pour y porter remède et y compatir. »

Travailleur infatigable, le comte de Chambord se lève au chant du coq, cette fanfare gauloise. Son cabinet d'étude lui sert à la fois d'atelier et de bibliothèque, car cet écrivain délicat est doublé d'un peintre agréable ; assis à une grande table d'acajou, encombrée de livres, de rapports, il écrit sans relâche jusqu'à l'heure du déjeuner. Après le déjeuner, qui a lieu à midi, il sort ordinairement avec la comtesse dans une voiture fermée, attelée de deux chevaux. On dîne à six heures et à sept heures moins un quart, déjà on se lève de table pour passer au salon où l'on cause et où l'on fait de la musique.

Un jour, Roger fut reçu par le comte de Chambord ; après dîner, l'artiste se mit au piano et trouva devant lui la partition de la *Fille du régiment*. Le ténor et le prince, qui a une fort belle voix, chantèrent ensemble ; mais, arrivé au milieu du passage : *O France, ô ma patrie!* Roger s'aperçoit qu'il chante seul ; il se retourne : que voit-il ? Le comte de Chambord, dont le visage était baigné de larmes et à qui l'émotion venait de couper la voix. » (V. Tissot, *Vienne et la Vie viennoise.)*

VI

Conclusion.

Vous connaissez maintenant, mes amis, le prince dont vous aviez peut-être entendu parler comme d'un prince gothique, étranger à son temps, à la France, à ses besoins, à ses mœurs. Vous savez maintenant comme il est de son temps et comme il le domine ; vous savez comme il connaît la France et comme il l'aime ; vous savez comme il est noble et bon ; comme il est ferme et convaincu ; comme il est religieux et chrétien ; vous savez comme il veut être le roi de tous les partis réconciliés, le père de tous ses sujets réunis en famille. Vous voyez comme il diffère de tous les hommes qui ont passé au pouvoir et se sont succédé dans le gouvernement de la France : habiles, ambitieux, flatteurs des passions populaires, prêts pour s'élever à toutes les servilités et à toutes les bassesses, affiliés aux sociétés secrètes, aidés par les sectes antichrétiennes, avides du pouvoir, empressés de satisfaire leur soif de domination ou leur soif de jouissance. En un mot, vous savez combien l'homme du droit, le prince de la tradition, le Roi légitime de la France l'emporte sur les hommes de révolution, tribuns, Césars, dictateurs.

Vous avez dû le remarquer, mes amis, ce qu'il y a peut-être de plus éclatant dans cette belle vie, c'est sa parfaite unité dans une irréprochable pureté : c'est comme une traînée de lumière où l'on voit sans ombre, sans défauts et sans défaillances, cette âme royale, honnête et chrétienne, se développer avec une suite, une progression, une harmonie providentielles. Dans la vie de Henri de France, on ne voit pas ce qui se voit dans d'autres vies de princes, ces emportements de jeunesse, ces déviations de passions si facilement maîtresses, ces erreurs, ces entraînements de révolution servies par les flatteries des courtisans et les enivrements du pouvoir. Qu'on la compare cette admirable vie, si noble et si française dans l'exil, à la vie des Bonaparte, on en comprendra mieux l'incomparable grandeur.

Le premier des Bonaparte était envoyé par le Directoire en Italie, ou plutôt par le franc-maçon Barras, qui dominait le Directoire, pour détrôner le Pape, lui prendre ses Etats, révolutionner Rome et renverser à jamais la papauté, *cette vieille idole,* comme l'appelait Bonaparte lui-même. Il reniait odieusement le christianisme en Egypte ; il faisait brutalement assassiner le duc d'Enghien, parce que, disait-il, « je ne serai tranquille sur le trône que lorsqu'il n'existera plus un seul Bourbon » (Mémoires du comte Miot. Ces paroles ont été dites plus tard par Napoléon à son frère Joseph). Du reste, Napoléon, initié comme franc-maçon dès les premiers temps de la Révolution, favorisa la secte pendant son règne, et s'en servit comme instrument de domination, surtout dans sa lutte odieuse et sacrilège contre

le Pape. C'est une des idées napoléoniennes,de se servir
de la Révolution pour gouverner les hommes, comme de
se servir de l'Eglise pour les soumettre à la dictature.

On sait que Napoléon III se porta l'exécuteur testamentaire des idées napoléoniennes, comme son oncle,
dit-il, fut *l'exécuteur testamentaire de la Révolution.*
Initié à la Charbonnerie par Orsini, le père de celui
dont la bombe fulminante vint le rappeler à l'exécu-
tion de ses premiers serments, *de détruire le principat
romain et de mettre fin à l'Eglise catholique*, son
règne, ou si l'on veut sa dictature, fut un mélange
d'idées confuses, d'actes réparateurs, de mesures
louables, de résolutions et d'actes révolutionnaires. En
ontre, dominé par ses antécédants, tyrannisé par les
sociétés secrètes auxquelles il s'était lié par serment et
qui l'avaient poussé au trône, gouverné par des con-
seillers qui furent ses complices et qui restèrent ses
maîtres,il continua de servir la Révolution et d'asservir
l'Eglise. Il mit toute sa persistance, hélas ! et le sang
de la France, à réaliser les idées napoléoniennes, à
répandre, comme un sectaire, le culte césarien du
Messie démocratique,de Napoléon,qu'il exaltait comme
un illuminé. (Voir les sociétés secrètes , etc., par
N. Deschamps. tome II, ch. X.)

Telle n'a pas été l'éducation de notre prince; elle
fut éclairée par des lumières plus hautes : elle fut
composée avec des éléments plus purs, plus sains,
plus chrétiens et plus français. Aussi sa vie est droite,
claire, limpide, et son gouvernement serait avant tout
honnête, loyal et réparateur. Eh bien ! puisque vous
comprenez quel homme providentiel pour la France
est cet homme prédestiné ; quelle gloire et quelle force,
quelle paix et quelle sécurité seraient pour vous, pour

nous, que la restauration d'un tel principe, que le règne d'un tel prince, il faut le vouloir, il faut le mériter, il faut le conquérir.

Il faut le vouloir : ne vous laissez plus tromper par les mensonges, les erreurs et les sottises qui se sont débitées ou se débiteront encore sur les abus, les privilèges , les castes de l'ancien régime dont vous menacerait le comte de Chambord. Tenez-vous en garde contre les journaux et les hommes de la Révolution. Les ambitieux ont intérêt à tenir la France éloignée du Roi, à travestir le Roi pour le rendre odieux ou ridicule à la France. Il faut le vouloir d'une volonté ferme, persévérante, qui s'affirme en toute occasion et qui subordonne à cette foi patriotique tous les actes et toutes les manifestations de vos convictions monarchiques.

Il faut le mériter : dès lors il faut vous défaire de vos idées de souveraineté chimérique exploitées habilement par les ambitieux et les révoltés; il faut vous défaire de ces erreurs révolutionnaires d'orgueil et d'insubordination. Il faut renoncer à se croire souverain, et même portion de souveraineté. Il faut reconnaître la source du pouvoir en Dieu, père et législateur des sociétés. Les nations peuvent transmettre, selon les lois traditionnelles et la constitution des ancêtres, le pouvoir, organe de la souveraineté ; mais elles doivent respecter le droit et la justice. Il est écrit : La justice élève les nations, tandis que le péché (de révolution) rend les peuples misérables. Il faut reconnaître que la France trompée, trahie par une faction enivrée d'utopie et d'impiété, a méconnu le droit et livré la justice. Il faut reconnaître nos erreurs, abjurer nos préjugés, refréner nos instincts de révolte et d'orgueil; nous défaire de cette chimère de souveraineté dont nous flattent les démocrates pour nous imposer leur joug ; il faut nous reconnaître humblement, raisonnablement des sujets ; non des citoyens à la manière antique, servis par des esclaves, mais des membres d'une communauté libre et fière, des membres d'une famille féconde, régie par un père, gouvernée par un roi.

Enfin, il faut le conquérir : il faut répandre, il faut affirmer ses convictions et sa foi ; il faut défendre, il faut protéger la bonne cause, la Monarchie et l'Eglise, la Monarchie en accord avec l'Eglise, pour que la France soit grande et forte. Il faut, sans se lasser, sans se rebuter, il faut combattre les erreurs, les calomnies et les sottises répandues, répétées à plaisir par la Révolution, ses agents et ses journaux, sur la Monarchie et sur le Roi. Il faut combattre et réfuter ces menaces d'ancien régime, de privilèges, d'autant plus odieuses et mensongères, que nous avons un prince plus intelligent, qui connaît son temps et son pays mieux que personne, et qui ne cesse de protester avec sa parole honnête et loyale, qu'il veut être le roi de tous.

Ah ! si cette parole qui rend un son si clair et si franc, si cette parole était entendue, si cette grande âme était connue, si ce prince était vu comme il est, la France serait vaincue, charmée et reconquise à jamais par cette royauté sans égale, représentée par ce prince incomparable. Ceux qui le voient le comprennent et l'admirent dans sa correspondance ; ceux qui ne font que lire disent comme ce journaliste intelligent et sincère : « Je viens de relire la collection des lettres du comte de Chambord de 1841 à 1871. Trente ans de correspondance ! Et dans ces trente années, pas un mot que la conscience de l'auguste prince ait à regretter, pas une syllabe de cet exilé de naissance que les

Français puissent maudire, pas une défaillance de ce noble esprit, pas un détour de cette ligne droite, pas une colère de la part de ce méconnu. On sort de cette lecture meilleur, comme d'un bain de loyauté. Chaque lettre, pour ainsi dire, est une station au pied de quelque vertu patriotique ou chrétienne. Ce n'est pas à dire que M. le comte de Chambord soit un saint du temps passé, pétrifié dans sa niche. Il n'y a pas même cela contre lui. Il est juste, il est moderne, il est libéral, vous dis-je, autant que pas un d'entre vous ; et s'il vaut mieux que les hommes de son temps, ce n'est pas à dire qu'il ne soit pas de son temps. » (H. de Pène. *Paris-Journal*, 15 septembre 1873.)

Oh ! voilà bien, mes amis, je vous le dis en finissant et je vous le dis avec quelque tristesse, voilà ce que le comte de Chambord a contre lui, ce qu'on ne dit pas, mais ce qui détourne de lui tant d'âmes basses et tant de cœurs avilis. Le comte de Chambord est trop parfait. Que n'a-t-on quelque défaut ou même quelque vice à lui reprocher ? Mais il a toutes les vertus, toutes les qualités, toutes les noblesses, toutes les grandeurs. Il est trop parfait pour nous : non-seulement parce que nous ne le méritons pas, mais encore, ô misère ! parce qu'il nous faudrait, s'il était notre roi, trop nous redresser, trop nous élever pour le voir, le suivre et l'imiter. On feint de dire et de croire qu'il imposerait par des lois surannées le respect des lois de Dieu et la pratique des vertus chrétiennes. Mais au fond, ce que l'on redoute, c'est l'autorité morale de ce grand chrétien, c'est le rayonnement de cette haute vertu, c'est la supériorité sans égale de cette grandeur d'âme et de caractère. Mais, quoi ! n'aurions-nous donc pas assez de patriotisme pour nous condamner à l'effort et nous hausser à l'admiration, afin que notre France fût enfin gouvernée par un homme que l'on puisse respecter, par un prince que l'on puisse aimer ?

Du courage, mes amis, encore une fois il faut le vouloir, le mériter et le conquérir. Il nous sera plus cher, et sa race, installée au cœur de la France et de tous les Français, y durera plus longtemps, en raison même de ce que nous aurons fait pour elle, de ce que nous aurons souffert pour lui. Et maintenant que vous le connaissez par ses idées, par ses paroles, par sa vie, par ses vertus, vous saurez ce qu'il faut croire, ce qu'il faut craindre, ou plutôt ce qu'il faut espérer du gouvernement de ce prince. Vous saurez qu'ils vous méprisent et qu'ils se moquent de vous, ceux qui vous estiment assez crédules, assez simples, pour vous dire que le comte de Chambord vous ramènerait au moyen-âge et vous asservirait aux us et coutumes de l'ancien régime. Vous savez et vous ne l'oublierez pas, que le comte de Chambord représente le droit, l'honneur et la liberté ; vous savez et vous le maintiendrez, que le comte de Chambord seul peut nous rendre la paix, l'union et la sécurité ; vous savez et vous vous moquerez de ceux qui disent le contraire, que le comte de Chambord est moderne, est Français ; qu'il est de notre temps et de notre pays ; qu'il est plus moderne et plus Français que les césariens et les démocrates qui veulent nous ramener à 1804 ou à 1792 : il est moderne, il est Français jusqu'au bout des ongles, jusqu'aux moëlles du cœur ; il veut vous gouverner à la française, c'est-à-dire avec respect, avec amour, comme d gentilshommes et des chrétiens.

PÉRIGUEUX. — CASSARD FRÈRES, IMPRIMEURS-LIBRAIRES.